U0857877

·李营 主编

宋璐璐 编

山东大学出版社

图书在版编目（CIP）数据

麻辣科学."难产"的科学/李营主编；宋璐璐编.
—济南：山东大学出版社，2013.9
ISBN 978-7-5607-4880-1

Ⅰ.①麻… Ⅱ.①李… ②宋… Ⅲ.①科学知识—普及读物 Ⅳ.①Z228

中国版本图书馆CIP数据核字（2013）第210469号

策划编辑：马银川
责任编辑：马银川 徐琳琳
整体设计：张 荔

出版发行：山东大学出版社
社址：山东省济南市山大南路20号
邮编：250100
电话：市场部（0531）88364466
经销：山东省新华书店

印刷：山东华鑫天成印刷有限公司
规格：890毫米×1000毫米 1/16 9印张 135千字
版次：2013年9月第1版
印次：2013年9月第1次印刷
定价：29.00元

写在前面的话

在数千年的人类发展史上，有无数的科学家将自己的一生无私地奉献给了科研事业。其中，很多人成功了，所以其名字与成就被载入了史册，驻进了人们的心中。然而，有谁还记得那些奋斗终生却没有成功作品的科学家的名字？有谁还记得那些年纪轻轻却为科学献身的科学家的名字？有谁还得那些成功科学家的失败作品呢？

科学本身就是探索未知、发现真理、改造世界、造福人类的学问，科学家则是这项工作的执行者。有些科学家即使没有取得很大的成功，或者在成功之前遭遇过很多挫折，但他们那段在别人看来“灰暗”的经历亦闪烁着耀眼的光芒，值得世人牢记心间。

其实，除了那些辉煌的科学成就，科学家留给人们的还有无数的精神财富。“失败”的科学家身上也有着真正的科学家精神——坚忍不拔的毅力、无私奉献的精神。实际上，“失败”的案例更容易触动人的心弦。因为能够登上成功之巅的人毕竟是少数。大多数人虽经历过千辛万苦的努力，或者虽取得了一些小成就，或者虽更深刻地认识了某一真理，但总的来说，他们都没实现最初的宏伟目标。

正是基于这一点，我们才精心挑选了一些被人遗忘的难产的科学材料，完成了这本《麻烦科学 · “难产”的科学》。这里的“难产”有两层含义：一是指科研失败了或科学家死亡了；二是指产生过程很艰难。

为了增加知识的趣味性，提高青少年读者的阅读兴趣，本书特意塑造了两个角色——小龙崎和龙叔叔。小龙崎是一个活泼开朗的学生，酷爱科学，对世界上的一切事物都充满好奇和兴趣，平时总喜欢缠着龙叔叔问个“为什么”。龙叔叔是一位科学院的博士，他知识渊博，对世界科学史了如指掌，因此总被小龙崎“纠缠”。但不管小龙崎如何“刁难”，他都能对答如流。通过小龙崎与龙叔叔的一问一答，本书深入浅出地将科学知识生活化、趣味化。你还等什么呢？赶快跟随小龙崎和龙叔叔开始一段精彩有趣的科学之旅吧！

另外，鉴于编者水平有限，书中难免存在粗疏错漏之处，敬请方家不吝赐教。本书在编写过程中，尤其是在解释科学现象或说明科学原理部分，参考了部分专家学者的观点和著作，在此一并深致谢忱！

编者

2013年5月

目录

一、科学，是个危险的行业

二、真理，在否认中崛起

麻辣科学——“难产”的科学

三、挫折，奏响成功的凯歌

四、失败，绕不开的经历

五、科学，在“死亡”中前行

一、科学，是个危险的行业

1 居里夫人发现了镭

实验室里，依稀可以看到龙叔叔忙碌的身影。小龙崎放学之后，一路小跑来到了龙叔叔的实验室。他满头大汗，活脱脱像一只小花猫。龙叔叔见状“哈哈”大笑，随即将毛巾递给小龙崎。小龙崎哪里顾得上擦汗，气喘吁吁地问道：“龙叔叔，居里夫人是怎样一步步研究出镭的？”

龙叔叔笑着说：“小鬼头，怎么想起问这个问题了？”

“今天上课的时候，老师仅仅简单地讲解了居里夫人和镭，我听着很好奇，所以想更深入地了解一下。”小龙崎说着。

“好吧，我这就讲给你听。”龙叔叔说。

在居里夫人发现镭元素以前，人们才刚刚知道有一种稀有的金属叫作铀，它可以发出具有穿透力的射线，这就是X射线。居里夫人在得知这个消息之后，就马上想到或许还有其他的物质也具备类似于铀的放射能力。为了证明自己的猜想，居里夫妇开始频繁地做实验。

居里夫妇将一个小小的储藏室改成了小实验室。这间实验室十分简陋，没有天花板，冬天冷，夏天热，屋子里只有有一个烟囱的火炉子、四个长短不齐的凳子与一块破旧的黑板。他们就在这样简陋的条件下开始了艰辛的实验工作。

居里夫人用仪器观测一种沥青铀矿，她认为这里面含有一种特殊的、放射能力较强的元素，这是人们还没有发现的一种元素。她与丈夫决定将这种元素找出来。他们先将这种元素称为“镭”。想要证明镭元素的存在，就要从沥青铀矿当中将它们一点点提炼出来。为了节省费用，他们没有购买昂贵的沥青铀矿，仅仅购买了那些已经提炼过铀的沥青铀矿的残渣。院子当中设有专门的提炼设备，但是他们在炎炎夏日要抵抗烈日的暴晒，在严严寒冬又冻得发僵。如果遇到下雨天，两个人还要手忙脚乱地将把机器往屋里搬。

玛丽和她的丈夫全身心地投入到了工作中。他们每天都穿着沾满灰土、沾染着各种液体的工作服，守着沸腾的锅中的矿物，不停地用手中的铁棍搅动。煤烟与有毒的气体刺激着他们的眼睛和嗓子，这些烟雾让他们喘不过气来，十分难受。这种工作既单调又艰苦。就这样，一年、两年、三年过去了，镭还是没有被提炼出来。

因为工作太艰苦了，丈夫想要暂时停止工作，休息一段时间，但是居里夫人却说：“不，我是绝对不会放弃的，相信我们一定可以成功的！”他们想象着镭会有一种美丽的颜色，工作疲了、累了的时候，他们就会坐在一起谈论这种新元素，每一次谈及这个话题，他们两个就会激动不已。

终于有一天，居里夫妇日思夜想的镭出现了。

那天晚上，他们回家之后久久不能入眠。居里夫人的心中尤其感觉到不安。于是她站起来对着丈夫说：“赶快起来，走，我们到那里去！”

“那里”指的就是实验室。他们趁着夜色急匆匆地向实验室赶去，仿佛听见镭在轻声地呼唤他们。

夫妇二人沿着街道，走过工厂、空地，经过一片住宅区，来到了他们的小小的实验室。

大门打开的时候，居里夫人轻声地说：“亲爱的，先不要开灯！我们不是希望可以看到镭本身美丽的颜色吗？”丈夫点点头：“那好，我们先来看看吧。”

在黑暗的屋子里，若有若无地闪烁着一种蓝光，它不停地跳跃着，就像是一只飞舞着的萤火虫。玛丽望着这美丽的蓝光，激动得紧紧抓住丈夫的手。她跳跃着，欢呼着，拥抱着。他们成功了，这种美丽的光就是神秘元素镭发出的光芒。

经过了四年的时间，居里夫妇在艰苦的条件下完成了实验，证实了镭元素的存在。许多的科学家之前根本不相信镭的存在，如今事实已然摆在眼前，由不得他们再辩解了。他们对居里夫妇由衷地表示敬佩。

1903年，居里夫妇荣获了诺贝尔奖。但当时放射性元素的破坏作用还没有被发现，居里夫人在工作的时候没有任何的防护措施，有时候将装有放射性元素的试验管放在口袋中，有时候放在抽屉里。因为长期接触放射性元素，居里夫人于1934年7月4日死于恶性贫血，也就是白血病。

小龙崎说：“居里夫妇简直太伟大了，在简陋的小实验室中夜以继日地工作，这种精神太难得了！最重要的是，他们证实了自己的想法，解除了世界的疑惑，简直太了不起了！”

不可不知的事

两次获得诺贝尔奖的女科学家
——居里夫人

居里夫人是一位杰出的女科学家，也是第一位两次获得诺贝尔奖的科学家。

1903年，居里夫妇获得了诺贝尔物理学奖。他们的研究成果得到了世界的认可，这是一件多么值得高兴的事情！可是，就在1906年，居里先生不幸遭遇车祸去世了。居里夫人以坚强的意志超越沉重的悲痛，独自承担起全部的家庭责任。很快地，她又继任了居里先生在巴黎大学的课程，并且指导实验室的工作。1911年，居里夫人参加法国科学院院士竞选，因为有人提出“女人不可以成为科学院院士”而以一票之差落选。但是这并不能够阻止她为科学献身的脚步。在这一年的12月，她获得了诺贝尔化学奖。

2 死于铅中毒的米基利

星期天，小龙崎在家看电视，听到这样一则新闻报道——今天，XX 市因为实验室爆炸，铅大量流失，引发了严重的铅中毒事件。

小龙崎看到这则新闻之后就坐不住了，一溜烟地跑到了龙叔叔家里。一进门，他就大叫道："龙叔叔，您看到今天的新闻了吗？"

"是铅中毒吗？"龙叔叔问道。

"是啊，铅真的有这样大的毒性吗？"小龙崎不解地问。

"是啊，而且有一位科学家因为铅中毒死在了实验中。"龙叔叔的声音有些沉重。

"是真的吗？龙叔叔，您赶快给我讲讲吧！"

"好的，你先坐好，我这就给你讲。"

在讲这位科学家之前，首先要知道一个常识性的问题——什么是铅中毒。其实，所谓的铅中毒就是说铅本身对于人体的各个组织都有毒性，中毒途径可以是呼吸道吸入，也可以是蒸汽或者粉尘，之后呼吸道中的吞噬细胞会将其迅速带入血液，或者经过消化道吸收，进入血液循环从而导致死亡。

这位死于铅中毒的科学家就是美国化学家托马斯·米基利·梅勒，他是被自己发明的加铅汽油杀死的。因为长期与铅接触，铅进入呼吸道中，随后逐渐流入血液当中，成为了一种潜在的死亡危险。当然，这只是其中一方面的原因。当时托马斯·米基利还提炼出了一种化学物质，叫作“氯氟烃”，这同样是一种有毒的物质。因为当时科技的不发达，不仅仅是他，而且当时很多的科学家也没有发现这个问题。直到20世纪末，科学家们意识到氯氟碳化合物是一种有害物质才停止使用。

虽然在世时，米基利得到了很多荣誉，但他制造出的氯氟烃却对环境有巨大的破坏作用，因此他本人被称为“地球历史上对大气影响最大的个体生物”和“历史上杀戮最多的个体”。很快，他就被检查出染上了严重的脊髓灰质炎，之后因为铅中毒瘫痪在床。为了方便自己起床，他发明了一套绳索滑轮系统。之后在他55岁时，他被滑轮绳索缠住而死亡。不得不承认，滑轮发明与含铅汽油都促成了他的死亡。

小龙崎：“龙叔叔，为什么这些科学家总是这样年轻就付出了生命？他们都没有看到自己的科研成果得到众人的认可，这简直太不公平了！”

“小龙崎，不要伤心了，这些伟人们早已经将自己的生死置之度外……”龙叔叔说。

“我们一定要更加珍惜现在美好的生活，永远记住他们的名字。”小龙崎坚定地说。

不可不知的事

防止铅中毒，应该吃什么？

防止铅中毒，在饮食方面有哪些需要注意的事情呢？

首先，就是要做到饮食均衡，尽量少吃那些肥肉、油腻或者油炸食品，适量增加蛋白质与维生素等营养成分的摄入。其次，要多吃一些富含蛋白质的食物（例如牛奶、豆制品、鱼类、瘦猪肉、牛肉等）、新鲜蔬菜和水果、硬壳坚果类（例如核桃、花生、开心果等）等。但需要特别注意的是，蔬菜要清洗干净，水果应该削皮，因为蔬菜瓜果表皮存留的农药中或多或少含有铅。同时，应该多喝水，以促进铅的排泄。

3 赛车很危险

小龙崎和龙叔叔开着车在马路上奔驰，小龙崎看着飞速行驶的车子激动不已，忍不住高歌起来。

看到小龙崎这样高兴，龙叔叔随口问道：“喜欢坐在汽车上奔驰的感觉吗？”

“喜欢！我觉得我就要飞起来了！不过我还是比较喜欢赛车，想想都觉得刺激。”小龙崎笑着叫道。

忽然，小龙崎安静了下来，若有所思地沉默了好一会儿，问道：“龙叔叔，汽车是怎样发明的啊，赛车又是怎么一回事？”

龙叔叔笑着说：“原来你沉思了半天，是在想这个问题啊！哈哈，仔细听好了！”

赛车是一种使用汽车作为速度竞赛的急速运动。1895 年，这项运动第一次在法国出现。现在，它已经成为了全世界最吸引人们眼球的一项体育赛事。

很久以前有一位为赛车而生、为赛车而死的赛车手——约翰·戈弗雷·帕里·托马斯。他为赛车事业献出了自己宝贵的生命，却无怨无悔。正是因为如此，人们记住了他的名字。”

“我知道他，他的死十分惨烈，但是他的行为真心值得我们钦佩。”小龙崎说着。

“是啊，托马斯是威尔士当时一位杰出的赛车手与工程师，他一直有着这样一个梦想，就是有一天打破马尔柯姆·坎贝尔创下的世界速度纪录。于是他决定自己进行改造，设计一部汽车帮助他完成梦想。最终，汽车改造成功了。他给这个汽车起了一个名字，叫作‘芭布斯’。该款赛车在性能方面有了很大的突破和改进，例如裸露连接车轮和发动机之间的锁链。1926 年 4 月 27 日，他驾驶着‘芭布斯’刷新了当时的赛车速度纪录。第二天，这款赛车的速度竟然达到了 170 英里。这项纪录整整保持了 1 年的时间。1927 年，马尔柯姆·坎贝尔再次刷新了这一纪录。于是，托马斯又开始刷新赛车纪录。两个人总是在不断地创新和超越，这一度让世界为之震惊。可不幸的是，在一次驾驶的过程中，因为车速太快，锁链断裂狠狠地撞在了托马斯头上，托马斯当场死亡。对于这样一个无法挽回的意外，世界不禁为之流下了同情之泪。”龙叔叔的眼眶湿润了。

小龙崎红着眼眶说：“龙叔叔，我以后也要做一名赛车手，我要继承托马斯的精神。”

龙叔叔笑着说：“好啊，小龙崎真是一个有志向的好孩子。”

两个人笑着，说着，开车奔驰着……

不可不知的事

马尔柯姆·坎贝尔

马尔柯姆·坎贝尔于1885年3月11日出生在英国肯特郡。1927年，坎贝尔参加了赛车大奖赛，并且在1927年与1928年两次驾驶布加迪T37A夺取了法国赛车大奖赛的冠军。不过这并不算什么，他最令人称道的是曾经打破水上速度的纪录，让世界为之一震。

1927年2月4日，他驾驶着赛车再一次向世界纪录发起挑战，并最终在美国邦纳维尔盐滩创造了全新的纪录，成为人类历史上的赛车第一个人。

1939年8月19日，他又驾驶着Bluebird K4，在英格兰科尼顿创下了141.74MPH的水上速度纪录。

1948年，他在数次中风之后，于伊朗萨里去世，享年63岁。

4 飞上天空并不难

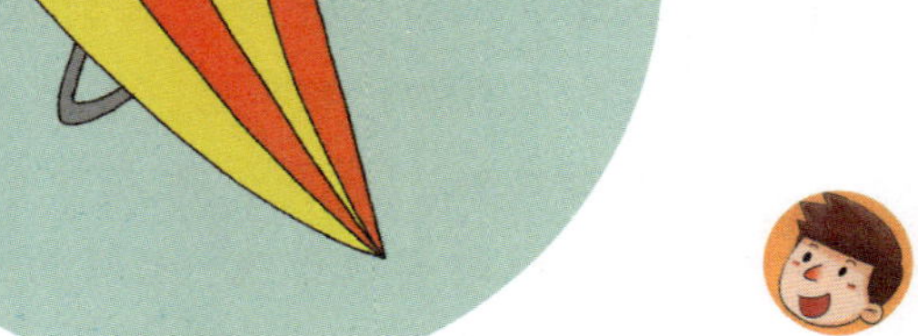

这一天，小龙崎与龙叔叔来到了航空博物馆。一进馆，小龙崎就被眼前琳琅满目的航天器吸引了。龙叔叔见小龙崎这样好奇，心里乐开了花——想不到小家伙的兴趣这样广泛，对这些高科技的玩意儿也这么感兴趣。

在一架古老的滑翔机面前的时候，小龙崎停了下来，眼睛直勾勾地看着这个像飞机又不像飞机不知道是什的东西——为什么这个“飞机”是站立着的呢？这究竟是个什么东西呢？龙叔叔告诉小龙崎，这是一台滑翔机。

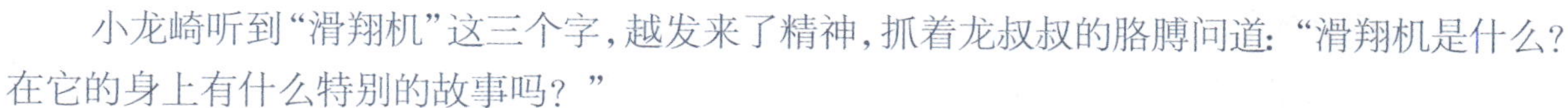

小龙崎听到“滑翔机”这三个字，越发来了精神，抓着龙叔叔的胳膊问道：“滑翔机是什么？在它的身上有什么特别的故事吗？”

“有，有，有，当然有了。每一个发明和创造都有一段难忘的历史，下面我就讲给你听。”

奥托·李林塔尔是德国一位杰出的工程师，当然，他还有另外一个身份——滑翔飞行家、世界航空先驱者。他最早设计、制造出了实用的滑翔机，被人们称为“滑翔机之父”。

李林塔尔于1848年5月23日出生在安克拉姆。小时候的他就对飞行有着浓厚的兴趣，少年时期曾经搞过“飞人”实验。随着年龄的长大，他对飞行的热衷程度越来越高，于是，他利用业余时间系统地观察飞鸟。1889年，李林塔尔写成著名的《鸟类飞行——航空的基础》一书，详细论述了飞鸟飞行的特点。

李林塔尔很擅长制造仪器，进行航空实验，并对研究结果进行验证。李林塔尔还很注意数据方面的积累，总结经验。他纠正了前人“多层叠置窄条翼”的片面做法，首次提出了“曲面机翼比平面机翼升力大”的观点，对飞机的发明创造作出了决定性的贡献。

从1871年开始，李林塔尔疯狂地爱上了研究与制造滑翔机，为此，他在业余时间研究空气动力学、试制飞机与驾机试飞。他写的《鸟类飞行——航空的基础》一书被后来的飞行探索者奉为经典之作。他在1891年制造了第一架翼滑翔机。两个机翼的长度为7米，主要用竹与藤作为骨架，骨架上面缝着布，人的头和肩可以从两个机翼之间钻入，机上装有尾翼，全机的重量大约为2公斤，从外形上看，像极了一只展开双翼的蝙蝠。他将自己悬挂在机翼上，从15米高的山岗上跃起，用身体的移动来控制飞行。滑翔机在气流的控制之下，轻盈地滑翔。他在90米以外安全着落，进而证实了曲面翼的合理性。第一架悬挂滑翔机就这样诞生了。1891～1896年，李林塔尔总共制作了两种双翼滑翔机与五种单翼滑翔机，前前后后进行了2000多次飞行试验。

1894年，李林塔尔从柏林附近的悬崖上起飞，成功滑翔350米，这在当时是一个惊人的成绩。他仔仔细细地将每一次的试飞纪录记下来，让它成为了航空史上最早的飞机性能纪录之一。

但是，李林塔尔因为过于重视升力，忽视了对飞机的操纵。他一直认为改变身体重心的位置是保持飞机稳定的唯一办法，这一错误认知对他而言是致命的。1896年，李林塔尔在飞行的过程中遭遇了迎面而来的强气流的阻挡，在他还没来得及将重心前移以使滑翔机低头之前，他就和飞机一起坠落到了地面。第二天，他就死了。去世之前，他还隐隐约约说着：必须有人要作出牺牲。

李林塔尔为航空事业献出了自己的生命。为了纪念他，德国人为他建立了一座纪念碑，上面写着几个大字：“最伟大的老师”。

不可不知的事

莱特兄弟与飞机的故事

莱特兄弟是美国的飞机发明家。威尔伯·莱特出生于1867年4月16日，他的弟弟奥维尔·莱特出生于1871年8月19日。他们从小就对飞行与机械装配有着浓厚的兴趣。莱特兄弟原本以修理自行车维持基本的生活，两人都十分聪明、好学。从1896年开始，他们将心血注入到了飞行研究上。经过多次研究与试验，他们得出了一个结论：想要解决飞机操纵这个悬而未决的关键问题，就必须载在某种可以让空气动力学发挥作用的机械装置。按照这一想法，在基蒂霍克沙丘上，他们对载人滑翔机进行了几度寒暑的研究，终于将梦想变成了现实。

5 小裁缝也有大梦想

小龙崎正在家里看电视，突然看到一则消息：今日，飞往城市的飞机遭遇暴风雨，乘客与乘务人员全部遇难，至今下落不明。

小龙崎忍不住落下了眼泪，他跑到龙叔叔面前说：“飞机上面不是有降落伞吗？为什么还会遇难呢？”

“孩子，你太天真了，有些突发状况并不是人力所能改变的，降落伞也不是万能的啊。”龙叔叔严肃地说。

“龙叔叔，降落伞不就是为了解决突发状况而准备的吗？”小龙崎据理力争。

“是啊，道理是这样，但是……”龙叔叔说着，长叹了一声。

“龙叔叔，您为什么叹气啊？”

“没事，我是因为想起了弗兰兹·瑞切特，他是我最佩服的一位发明家，也是发明降落伞的先驱。”

“他究竟是什么人啊？龙叔叔，您赶快告诉我吧！”小龙崎迫不及待地问道。

“好吧，你听我说。”

弗兰兹·瑞切特出生在奥地利，长大之后，他移居到法国做了裁缝。他是发明降落伞的第一人，后人将他称为“飞翔的裁缝”。

当时，他发明了一种“降落伞套装”，并宣称在飞机遭遇突发状况而人们被迫跳离飞机的时候，这种衣服可以自动转变成降落伞，从而保证人的生命安全。

为了证实这种衣服的可行性，弗兰兹·瑞切特让一个假人穿上这种衣服，之后将假人从五楼抛下。这一次试验进行得很顺利，假人落地的时候安然无恙。虽然弗兰兹·瑞切特多次对衣服进行了改进，但之后的多次试验却都没有成功，所以没有办法证明他自己的“降落伞套装”的确安全、有效。

为了证明这套衣服的神奇功用，1912 年 2 月 4 日，弗兰兹又做了一次试验。他穿起自己的“杰作”，从埃菲尔铁塔的第一层往下飞。当时塔下聚集了很多人，也包括记者朋友们。十分不幸，这件衣服并没有发挥出神奇的功效，试验宣告失败——弗兰兹从高塔上自由落体，医生当场宣布其死亡。

虽然弗兰兹·瑞切特在试验中不幸死亡，但是他的降落伞设计思路却给了世人很多启发。后人在他的基础上，将降落伞和衣服分开，使降落伞成为一种独立的工具，并且获得了成功。

“哇，他真的好勇敢啊！我真心佩服他的勇气和魄力！”小龙崎说着。

“呵呵，如果说勇敢的话，当然非他莫属了，不然他怎么有勇气从埃菲尔铁塔上跳下去呢？”龙叔叔笑着说。

“龙叔叔，我曾经听过一些关于埃菲尔铁塔的事情，但是这一件确实让人震撼！”小龙崎有些伤感了。

“你还想要知道其他的吗？我可以讲给你听。”龙叔叔说。

“好啊，好啊！赶快，赶快！”小龙崎又有些迫不及待了。

不可不知的事

埃菲尔的孩子
——埃菲尔铁塔

1889 年，正值法国大革命 100 周年，巴黎举办了一场大型博览会以示庆祝。在博览会上，最吸引人们眼球便是埃菲尔铁塔。埃菲尔铁塔的设计者是法国建筑师居斯塔夫·埃菲尔。他一生可谓杰作累累，遍布世界，但是他最引以为豪的还是这座以自己名字命名的铁塔——埃菲尔铁塔。用他自己的话说，埃菲尔铁塔"把我淹没了，似乎我的一生都只是为了建造她"。当初，法国政府虽然决定在巴黎建造一座世界最高的大铁塔，但提供的资金却仅仅是所需费用的 1/5。埃菲尔为了完成自己的设计，曾将他的建筑工程公司和全部财产向银行作了抵押。1887 年 1 月 28 日，埃菲尔铁塔正式开工，250 名工人需要在寒冷的冬季每天工作 8 小时，夏季工作 13 小时。终于，1889 年 3 月 31 日，这座钢铁结构的高塔落成了。它成为了当时席卷全球的工业革命的象征。

6 发明密封舱的特技演员

一次，小龙崎和龙叔叔一同来到纽约博物馆参观。看着眼前各种伟大的发明创造，他兴奋极了。最重要的是，身边还有龙叔叔这一位“万事通”。

小龙崎走走停停，来到了一个外形奇怪的东西面前，问道：“龙叔叔，这个是什么呀？怎么样子这么奇怪？”

龙叔叔笑着说道：“这啊，是一个密封舱。”

“密封舱？密封舱不是安置在飞行器上的吗？我看过图片，不是这样的啊！”

“哈哈！此‘密封舱’非彼‘密封舱’也！”

“您说的到底是什么呀？我怎么一点都听不懂？”小龙崎挠着自己的小脑袋，一本正经地说道。

“哈哈，小家伙，听叔叔慢慢给你讲。”

现在你眼前这个密封舱是卡雷尔·苏塞克发明的。

卡雷尔·苏塞克是一位加拿大的特技演员，他发明密封舱之后，就乘坐这个密封舱从尼亚加拉大瀑布上飞下，从此声名大噪。这次历险虽然让苏塞克受了伤，但没有危及他的生命。1985 年，他说服了一家公司对他的另外一次冒险进行赞助。这一次，他依靠发明的密封舱从休斯敦的透明圆顶棒球场顶部滚下。这个建筑足足有 180 英尺高，有一道专门设计的瀑布自顶部流下，瀑布的底部有一个水潭。这一次，苏塞克不再像上次那么幸运了。在入水的时候，他没能钻入水潭中心，而是碰到了池边，密封舱被磕破了，苏塞克受了很严重的伤，并在第二天抢救无效而死亡。苏塞克被世人称为“最敢于冒险的特技演员”。为了纪念他，人们一直将密封舱陈列在纽约博物馆内。

“哇，卡雷尔·苏塞克真是一个勇敢的人，我从心底佩服他！”小龙崎感叹道。

龙叔叔看到小龙崎的表情，忍不住说：“你这个小家伙，崇敬的人还真多呢！”

“可不是，因为他们确实是值得尊崇和敬佩的啊！”说着，两个人都哈哈笑了起来。

不可不知的事

尼亚加拉大瀑布的自白书

HELLO！大家好！我是被称为“世界七大奇景”之一的尼亚加拉大瀑布，曾经和非洲的维多利亚瀑布、南美的伊瓜苏瀑布合称“世界三大瀑布”。其实，大家有所不知，我原本是不存在的，后来尼亚加拉河跌入河谷断层才诞生了我。尼亚加拉河是连接伊利湖和安大略湖的一条水道，河道上面横跨着一道石灰岩断崖，水量丰富的尼亚加拉河经过此处时骤然陡落。我主要以河床绝壁上的山羊岛为界，被分成美国瀑布和加拿大瀑布两部分，尤以加拿大瀑布更加雄伟壮阔，让人流连忘返。

7 返老还童有危险

最近龙叔叔的身体出现了一些问题，小龙崎陪着龙叔叔到医院进行检查。医生建议龙叔叔抽血，进行血样检查。看着血液一点点从身体内流出，龙叔叔的眉头紧皱，看上去十分痛苦！

回到病床上，龙叔叔休息片刻，开口问道：“小龙崎，你知道世界上有一位因为血液而死的科学家吗？”

小龙崎被这个突如其来的问题问愣了，停顿了片刻，他回答道：“不知道。龙叔叔，他到底是谁啊？”

“来，到龙叔叔身边来，我讲给你听。”此时的龙叔叔看起来比之前好了许多。

这个为血液而死的人就是博格丹诺夫。博格丹诺夫出生在俄国，他身兼数职，是当时著名的科幻小说作家、哲学家、经济学家和革命家。1924 年，不知道什么原因，他疯狂地爱上了有关输血问题的研究，希望可以通过血液传输来达到返老还童的目的。在四年的时间里，他先后给自己输了 11 次血。他惊奇地发现，这种方法真的可以改变自己秃头的症状，就连视力也得到了明显的改善。他的这一技术在当时颇受关注，以至于很多显赫的名人也来请他为自己输血，其中就包括列宁的妹妹。但是，此时的博格丹诺夫并不知道输血需要考虑捐赠人的血液是否健康，因此这些所谓的成功都离不开“运气”。1928 年，博格丹诺夫又决定给自己输血。不幸的是，这次的血液竟来自一个身患疟疾和肺结核缠身的病人！不久之后，他就受到感染，死了。

“小龙崎，故事听完了，你从中学到了什么吗？”龙叔叔问道。

“嗯……我很敬佩博格丹诺夫的大胆，可以以身犯险，以自己作为实验的对象，而且……”小龙崎回答说。

“你个小鬼头，还学会了卖关子。”龙叔叔笑着说。

“我想，刚才您输血的时候是不是检查了呢！”小龙崎一脸担心地说。

“呵呵，原来是这个啊！当然了，只是你没有看到而已啊！”说完，两个人都笑了。

不可不知的事

输血不是什么好事

其实，输血并不是什么好事。为什么这样说呢？因为输入的血液属于异体细胞，因此很有可能会触发受血患者的自身免疫系统，使其发生排斥概率的机会增加。临床上也有发现，输血导致患者免疫系统被抑制，让病人变得虚弱无力，无法抵御手术之后的感染和原来处于不活跃状态的病毒，导致肺炎、感染、心脏病和中风的概率上升。

8 死于“嘴馋”的舍勒

早上，小龙崎还没有睁开眼睛，龙叔叔就来敲门了。小龙崎揉揉惺忪的眼睛，不情愿地从床上爬起来，打开门：“龙叔叔，这么早，有什么事情吗？”

“小龙崎，赶快起来跑步，你看今天的天气多好啊！早上应该呼吸一下新鲜空气，有助于身体健康。你要知道，生活处处皆学问。”在小龙崎看来，龙叔叔有时候简直有些啰嗦，比如说现在。

洗漱完毕，小龙崎被龙叔叔拽了出来。其实，早上跑一跑，的确很不错啦！小龙崎忍不住深吸几口气，困意早已一扫而空。

“对了，龙叔叔，我突然想到了一个问题。”小龙崎说道。

“什么问题啊？说吧。”

“小时候您就告诉我，氧气是维持生命必不可少的气体之一，如此重要的氧气是谁发现的呢？”

“来，我们先坐下来，我慢慢给你讲。”

卡尔·威尔海姆·舍勒是瑞典一位杰出的化学家，他是最早发现氧气的人之一。与此同时，他对一氧化碳、二氧化碳、氯化氢、二氧化氮等多种气体都有深入的研究，他还发明了与巴氏消毒法极其相似的一种消毒法。1775年，舍勒被推选为瑞典科学院成员。他在这个工作岗位上为人类创造了巨大的利益。可以说，他将一生都奉献给了化学事业。在

他看来，化学“这种尊贵的学问，乃是奋斗的目标”。舍勒有一个很奇怪的习惯，他会用舌头“品尝”一下自己发现的化学元素。庆幸的是，他没有死于氰化氢中毒。但是，好运并没有永远伴随着他，从他死亡的症状上来看，他好像是死于汞中毒。舍勒去世之后，瑞典人十分怀念他，在他诞辰150周年和200周年的时候，为他举行了隆重的纪念会。这种会议也是化学家们进行学术交流的场所。在科平城和斯德哥尔摩，人们都为他建立了纪念塑像，在他的墓前还有一块朴素的方形墓碑，墓碑上所刻的浮雕是一位身形健美的男子，高举着一把熊熊燃烧的火炬。

“龙叔叔，这个高举着火炬的美男子就是卡尔·威尔海姆·舍勒，对吗？”小龙崎问道。

“是的，他的伟大发现造福后人，他自然会受到人们的爱戴和崇敬了！”

小龙崎陷入了沉思中……

不可不知的事

日本的汞中毒事件

汞中毒一般又叫作“水俣病”。它第一次出现是在1933年的日本九州熊本县。汞中毒有一定的征兆：最初是走路不稳，面容呆滞；之后耳聋眼瞎，严重者甚至会全身麻痹；最后精神失常，逐渐走向死亡。这是因为汞中毒是一种神经中毒，可以造成全身性的神经损害。但是，汞中毒并非是不可以预测的。当时，在日本就出现了这样一种猫，被人们叫作“舞蹈猫”。人们发现，原本正常的猫走路逐渐摇晃起来，就像在跳舞一样。为什么猫会先得病呢？这是因为猫偷吃了水俣湾里的鱼，而水俣湾的水受到了严重的污染，汞含量超标。汞被鱼吃到体内，再通过食物链转到猫和人的体内。猫因为吃了鱼，所以先中了毒。猫得了舞蹈病，也就是水俣病，此时还可以对人进行及时的救治。

9 献身发明的莫瓦桑

小龙崎正在屋里看有关历届诺贝尔奖得主的新闻，他对其中的一个人充满了兴趣——获得诺贝尔文学奖的法国化学家莫瓦桑。之前，老师在课上讲过，莫瓦桑是法国的一位著名化学家，他的骄人成绩让世界为之震撼，可是他最终却莫名其妙地死了。

所以，当看到这个新闻时，小龙崎就一溜烟地跑到了龙叔叔家，拽着龙叔叔问道："龙叔叔，化学家莫万桑为什么会死啊？"

"小龙崎，你没有看到我正在忙吗？"龙叔叔说道。

"龙叔叔，您就给我讲讲吧！"小龙崎不死心地说。

"好吧，看在你这么认真的份儿上，我就给你讲讲吧！"

莫瓦桑是法国一位著名的化学家，他在 1886 年制取了单质氟，并因此荣获诺贝尔化学奖。

1906 年，瑞典诺贝尔基金会宣布将相当于 10 万法郎的奖金给莫瓦桑，以表彰他在元素氟方面作出的杰出贡献，表彰他发明了莫氏电炉。当年 12 月，一大批莫瓦桑的朋友和学生在巴黎大学的会议厅举行了一场十分隆重的庆祝会，庆祝莫瓦桑制取单质氟 20 周年。在聚会中，54 岁的莫瓦桑发表临场演讲，他说："我们绝对不可以停留在自己现有的成绩上，在达到一个目标之后，我们应该不停顿地朝着另一个目标前进。一个人应该永远为自己树立一个目标，只有这样做，才会感觉自己是一个真正的人，只有这样，他才可以不断地前进。"

在莫瓦桑荣获诺贝尔奖的第二年，也就是1907年，他不幸去世，终年55岁，世界化学界对此表示了沉痛的哀悼。不久，他的妻子路更也因为伤心过度去世了。他们的独生子路易将父母遗产中的20万法郎全部捐献给了巴黎大学作为奖学金：一种奖学金称为“莫瓦桑化学奖”，以此纪念他的父亲；另一种奖学金称为“路更药学奖”，以此纪念他的母亲。

莫瓦桑为世人留下了宝贵的财富。他曾经发明了以他的名字命名的电炉——莫氏电炉，这种电炉可以简单而迅速地熔炼各种金属。他用它提取了铀、钨、钒、铬、钛、铝等十多种金属。他的妻子路更是世界上第一个使用铝制烹调器的人，这种烹调器是莫瓦桑在实验室中用他自己的电炉制作的。莫瓦桑还在世界上第一个合成人造金刚石的化学家。

莫瓦桑一生获得了很多荣誉，他曾经被聘为好几所大学的教授，俄国还曾授予他科学院名誉院士的称号。他著有《电炉》《氟及其化合物》等多部著作。

“龙叔叔，莫瓦桑是因为化学实验才死亡的吗？”小龙崎伤心地问。

“是啊，化学实验中有很多毒性物质，莫瓦桑因为长期与毒性物质接触，才会慢性死亡。尸检报告显示，他的体内含有大量化学毒素。”龙叔叔说。

“简直太让人惋惜了。”小龙崎愤愤不平地说。

“好啦，不要伤心了。他的牺牲换来了科学的进步，我们应该永远记住他。”

“嗯，我一定会的。”小龙崎的眼中闪着泪花。

不可不知的事

最年轻的诺贝尔奖得主

威廉·劳伦斯·布拉格是目前为止世界上最年轻的一位诺贝尔奖获得者。1915年，他与父亲威廉·亨利·布拉格一同走上了诺贝尔奖的领奖台，荣获诺贝尔物理学奖。当时，他年仅25岁。

劳伦斯·布拉格真是个科学方面的天才！1915年，他和父亲发表了著名的论文之后，又合写了关于晶体结构的论文《结晶状态》《电学》《矿物的原子结构》。后来，劳伦斯·布拉格对应用X射线分析蛋白质分子的结构产生了兴趣。这项伟大的工作先是在剑桥大学的卡文迪什实验室进行，之后又在皇家研究所戴维—法拉第实验室中再次进行了验证。这项研究获得了巨大的成功，首次确定了生命物质极其复杂的分子结构——X射线晶体结构。这项成果受到了科学界的广泛关注，劳伦斯·布拉格也因此被授予诺贝尔物理学奖。

10 坏习惯让戴维丧了命

今天，小龙崎和龙叔叔来到了汉弗莱·戴维纪念馆，这里陈列着这位伟人的各项发明。

小龙崎的好奇心又来了，拽着龙叔叔说道：“龙叔叔，这个汉弗莱·戴维是谁啊？他都研究、发明过什么啊？他为什么年纪轻轻就死了呢？……”小龙崎一股脑儿地问了很多问题。

面对小龙崎的提问，龙叔叔回答得头头是道，真不愧是“万事通”啊！

汉弗莱·戴维是美国化学家。1778 年 12 月 17 日，他出生在一个贫穷的美国家庭中，父亲很早就过世了。母亲靠父亲生前留下的一个小小的庄园没有办法养活 5 个孩子，于是决定卖掉庄园，全家搬到彭赞斯，在母亲的养父汤金的帮助下生活。

就是在这样的环境中，汉弗莱·戴维完成了自己的研究。他在化学上的最大成就就是开辟了用电解法制取金属元素的新途径，利用伏打电池对电的化学效应进行研究。他电解了之前无法分解的苛性碱，制取了钾与钠，后来又得到了钡、镁、钙、锶等金属元素。之后，他又用强还原性的钾制取了硼，对气体也进行了很深入的研究。他还发现了具有麻醉性、刺激性的“笑气”氧化亚氮，这种化学物质对科学发展起到了很重要的作用。他用科学实验证明了氯是一种化学元素，并提出酸中不可缺少的元素是氢而不是氧，从而纠正了拉瓦锡提出的“酸里必须含氧”的观点。他发明了煤矿安全灯，为矿下工作者带来了福音。

但戴维有一个很不好的习惯，就是每次研制出新的化学气体，他就会用鼻子嗅一下。这个习惯让他发现了具有麻醉性能的一氧化二氮。但是，这种习惯让他几度徘徊在生死边缘。在他进行化学实验时，三氯化氮突然爆炸，导致他的眼睛严重失明。这个坏习惯使他频繁中毒，最终失去了生命。

小龙崎的声音哽咽了，低声说道：“又是一个为科学献身的人……”

“小龙崎，不要这样伤感。这些为了科学而献身的科学家虽然令人扼腕，但人们记住了他们的名字，记住了他们的科研成果，这对于他们而言也是开心、重要的，不是吗？”

“龙叔叔，我不哭，我不哭……”小龙崎擦着眼泪说。

不可不知的事

拉瓦锡牺牲了

1794年5月8日，一位51岁的学者被指控在士兵的烟草中掺水，被押上了断头台。在行刑之前，这位学者要求：“我情愿被剥夺一切，只要能够让我做一个简单的药剂师，做一点化学实验就已经心满意足了。”但是，他所要求的未能得到准允。随着行刑官一声令下，他脑袋就被砍了下来。

这位伟大的学者就是被人们称为“近代化学之父”的法国科学家拉瓦锡。他的死是科学界的一大损失。著名法国数学家拉格朗日痛惜地感叹道：“他们割下拉瓦锡的头，仅仅是一瞬间的事情，却不知道在100年之内，世界上是不是还可以再长出那样的头颅。”

11 英年早逝的斯洛汀

龙崎的问题

小龙崎和龙叔叔一起吃午饭。在饭桌上，两个人你一言我一语说得很开心。此时，电视上正在报道有关核弹的新闻，小龙崎就问道：“龙叔叔，世界上第一颗核弹是谁研制成功的啊？”

“哈哈！这么伟大的事可不是个人的功劳，而是团队共同努力的结果。”

“那么，这个团队中有什么比较著名的人物吗？”小龙崎的兴趣来了。

“当然有了，例如路易斯·斯洛汀，他就是为了研究核弹而牺牲的化学家。”龙叔叔说。

“路易斯·斯洛汀是谁啊？我之前怎么没听说过？您给我讲一讲，好不好？”小龙崎笑呵呵地看着龙叔叔

“好，好，只要你愿意听，我就给你讲。”龙叔叔笑着说。

路易斯·斯洛汀出生于加拿大的斯洛汀，他是加拿大著名的物理学家、化学家。他在曼尼托巴大学获得了理学学位与硕士学位，1936 年又在伦敦国王学院获得物理化学博士学位。之后，他作为研究助理参加了一个芝加哥大学的研究项目，主要是帮助设计一

个回旋加速器。这一次，他工作完成得相当出色，而且得到了表扬。

1942年，路易斯·斯洛汀应邀参加美国的“曼哈顿计划”，主要工作就是研究世界上第一颗核弹。1946年5月21日，在实验的过程中，他不小心把一块半球状的铍掉到了另一块上面。因为球体中含有大量的钚，所以迅速引起了临界反应。和他在一个实验室的科学家们亲眼目睹了空气里迸发出的蓝色光辉，随即便感到一股强烈的热浪迎面袭来。斯洛汀的反应很是迅速，他纵身跳出了实验室，并被立刻送往了医院，但仍然于事无补。九天后，他离开了这个世界。在发生意外的那一刻，斯洛汀所承受的辐射相当于距离原子弹爆炸中心4800英尺处的辐射量。这次意外发生之后，洛斯阿拉莫斯实验室立即停止了一切手动装配工作。

“路易斯·斯洛汀去世的时候是不是很年轻？”小龙崎问道。

“是啊，他才38岁。”龙叔叔说道。

小龙崎又沉默了……

不可不知的事

伟大的曼哈顿计划

为了抢在纳粹德国之前研制出原子弹，美国陆军部于1942年6月开始实施利用核裂变反应研制原子弹的计划——“曼哈顿计划”。此项工程集结了当时西方国家（除了纳粹德国）最为优秀的核科学家，动员了10万多人一起参加，耗时3年，耗资20亿美元。1945年7月16日，第一次核爆炸成功进行，并且按照原定计划制造出了两颗实用的原子弹。至此，全部工程圆满落幕。在工程执行的过程中，L.R.格罗夫斯与R.奥本海默采用了系统工程的方法，在很大程度上缩短了工程时间。这项工程成功促进了第二次世界大战之后系统工程的发展。

二、真理，在
否认中崛起

1 地心说与日心说

一天，附近图书馆的两个叔叔正在讨论地心说与日心说的话题，从路边经过的小龙崎正好听到了。他还是第一次听说这两个名词呢！忍耐不住心中好奇，他就跑去找博学多才的龙博士。

“龙叔叔，您能告诉我什么是地心说与日心说吗？我很好奇，可不可以给我解释一下？”

看着天真的小龙崎，龙叔叔说道：“好啊，我的好孩子。现在我就帮你揭开心中的谜团。”

地心说又称“天动说”，在很早的时候就有了。古人认为，我们生活的地球是宇宙的中心，而其他行星也都环绕地球进行运转。在古代，有许多学者很早就对宇宙的构造产生了极大的兴趣和丰富的想法。古希腊的亚士里多德和托勒密就提出了位于宇宙中心的地球周围全天体公转的说法。他们一致认为，地球是在宇宙中心进行自转的，太阳并非是宇宙的中心。

日心说又称“地动说”，是一种有关天体运动的、与地心说对立的学说。这种学说认为，

太阳是宇宙的中心，地球与其他行星都会绕着太阳转动，地球并非是宇宙的中心，它只是一颗普通的行星。在地心说中，一些行星围绕地球运行的一年周期实际上是地球每年围绕太阳公转一周的具体反映。波兰科学家哥白尼提出了日心说，他为此推翻了长期以来位居统治地位的地心说，从根本上实现了天文学的变革。

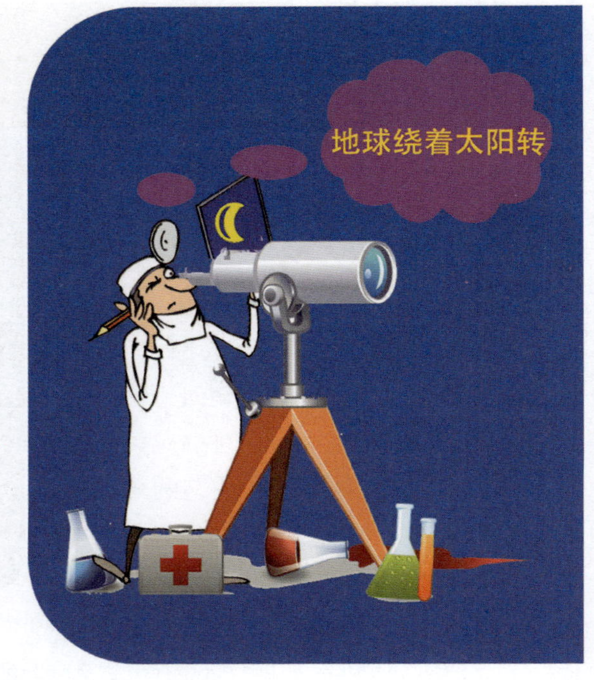

如今，随着社会的进步和科学技术的不断发展，人们对宇宙也有了更深刻的认识。天文望远镜的改进以及射电望远镜的问世，使得人类可以看到的天体越来越多。于是，人们也在时间的推移中渐渐认识到，太阳也并非是宇宙的中心。因此，目前，日心说的推论已经被完全推翻了。

小龙崎听完，心中十分感慨。他说：“龙叔叔，您给我讲的地心说与日心说实在太有趣了！我还有一个问题，既然天文学家提出了这两种学说，那么未来的天文学家还会对地心说与日心学说继续进行探索吗？”

“这个问题问得好！当然要继续探索了。只有天文学家继续探索，人们才能对地心说与日心说的学说问题有更为客观的认识，人们的思想也才能变得更为理性，同时还能使人们的眼界变得更开阔。”

不可不知的事

小小哥白尼

哥白尼自小就受到了良好的教育，尤其喜欢观察天象。他经常独自一人仰望繁星密布的夜空。在他十几岁的时候，父亲不幸离开了他。于是，他搬到叔叔家中生活。有一次，哥哥不解地问哥白尼："你总是对着天空发呆，难道这表示你对天主的孝敬？"哥白尼回答说："不。我要一辈子专心研究天时气象，让人们在仰望星空的时候不再恐惧。我要让星空跟人交朋友，让它为海船校正航线，为水手指引航程。"

2 先父遗传的无稽之谈

小龙崎一脸苦恼的来到龙叔叔家里。

小龙崎说："龙叔叔，我有一个朋友，他父母长得都挺好看的，为什么他长得就一点儿也不像他们呢？难道是基因变异了？"

龙叔叔说："这个可不是基因变异。谁说父母漂亮，生的小孩就漂亮啊？漂亮的只是一部分，有的时候，孩子也不一定会继承父母的美貌啊！"

小龙崎说："噢，前段时间我看了一个先父遗传理论，很有趣。我还以为他是受了他先父的影响呢！"

小龙叔叔说："这可真是荒谬，先父遗传理论纯粹就是无稽之谈！我给你说说先父遗传理论的由来吧！"

先父遗传理论认为孩子能够遗传父母一方前任丈夫或妻子的特点，而且越是前任越明显。所以说寡妇或者是再婚女子的孩子都会有她们前任丈夫的特点。对于先父遗传理论，人们如今已经有了很大的质疑声。不过在19世纪的时候，还有很多人相信并接受这个理论。

1361年，爱德华三世的继承人和一位美丽的女子琼结婚了，而琼就属于再婚。琼生下的孩子被一度认为不是王室的血统。而当时的亚里士多德对先父遗传理论很是痴迷，他以此解释了琼的孩子和爱德华不相似的原因。

接下来，权威的理论实验登场了：为了验证这一理论，一些科学家用狗做了实验。在当今，苏格兰猎鹿犬和达尔马提亚狗都是很纯正的品种。一条猎鹿犬和一条达尔马提亚狗

交配后，产下了7只小狗，之后又和同一种类的狗养在一起，结果产下了5只小狗。这5只小狗每只都是灵敏的猎犬，和差异较大的达尔马提亚狗看不出有什么联系。

随后，科学家们又做了一些实验。让一只黑斑苏格兰猎犬和一只卷毛、肝白色的西班牙猎狗交配，产下了几只小狗。这些小狗从外表上看和西班牙猎狗很是相似，颜色为褐白色。接着，这只黑斑苏格兰猎犬又和黑斑苏格兰猎犬交配，产下一窝小狗，这窝小狗也都是很标准的苏格兰猎犬。

经过多次实验，科学家证明先父遗传理论不能成立。

“我就说嘛，这种学说是不可能成立的。”小龙崎点点头说。

“小龙崎，不要这样直接否定一个学说。学说既然被提出来，即使是不正确的，也是前辈们辛勤的劳动成果。总的来说，养殖者和生物学家曾经想用‘传染’假说来思考这个问题是可以理解的。但更让人吃惊的是，即便到了现在，我们依然不太清楚遗传变异的原因。几年前，我们曾习惯性地忽略隔代遗传或者返祖现象。

“虽然，我们对于遗传和变异的法则已经有了很透彻的了解，但是对于大部分动物的起源，我们还知之甚少。此外，通过上述实验，我们明白杂交动物和植物都能继承其双亲之一的所有性状，与此同时，后代也会和双亲的性状天差地别，在孩子身上会出现返祖现象。对遗传和变异规律理解得越透彻，我们对生殖细胞的产生、结合乃至发育成熟的过程就理解得越多，知道得也就越多，支撑先父遗传理论的论据也就越少。这样，先父遗传理论就不攻自破了。”

小龙崎说：“就是就是，这种言论根本就不合理。”

不可不知的事

达尔文与先父遗传理论

达尔文之所以会认为有先父遗传理论，是因为受到一件事情的影响。在英国的一个小乡村，一头有着花白相间条纹的母猪和一头体色为暗棕色的野公猪交配，产下了几头杂交的小猪。不久之后，这头野公猪死了，而这头花白相间的母猪又和一头公猪交配，产下了第二胎小猪。令人奇怪的是，第二胎小猪身上却长着暗棕色的鬃毛，很像死去的那头野公猪，也就是它们的“先父”。于是，达尔文便将这一现象称之为“间接遗传”。最后他经过仔细思考，形成了先父遗传理论。

3 地球和月亮同源吗

小龙崎从地理课上学到，月亮是围绕着地球旋转的，所以他就认定了月亮肯定也是依附于地球而生存的，如果没有了地球或许月亮也就不会存在了。那么，这是不是代表月球是地球的一部分，或者月球是和地球一起生长的呢？带着这个问题，他又找到了龙叔叔。

小龙崎说：“龙叔叔，他们说月球是围绕地球旋转的，如果月球和地球是一样的，或者关系很近的话，地球上能够有人生存，那么月球上是不是也可以呢？”

龙叔叔说：“地球和月球两者是否同源，也引起了科学家们的激烈探讨，当然最终还是没有得到答案，只是各有各的说法，你听听也就可以了。”

小龙崎说：“嗯，好吧。龙叔叔，真不明白这些科学家，难道他们只会提出来假设吗？要这样的话，我不也成科学家了？”

龙叔叔说：“好啦，小鬼，你怎么这么多抱怨！先来听听‘地月同源学说’吧！”

近年来，科学家们经过探索和研究，提出了“地月同源说”与“地球分裂说”，不过这两种学说都无法解释月球岩石年龄和物质成分不同于地球的原因。宇宙的年龄应该在200亿年以内，而月球的年龄不仅比地球和太阳更古老，而且还可以和宇宙相比。根据最初的保守估计，月球的年龄应该在50亿～100亿年。试想一下，地球如果能够将月球这么大的球体抛出去，自身不仅没有受到不好的影响，而且还形成了两个近乎完美的球体，这是多么困难的一件事情。

关于月亮是怎么来的，这个问题不仅我们普通人不知道，科学家们同样不知道。总的来说，要想解开这个谜团，就要跳出假说这个怪圈。

有些学者对于大碰撞学说有不同的看法，大碰撞月亮和地球属于同一时期的物质，主要是由同一团岩石和尘埃分裂而成的。但近年来，月球勘探者告诉我们，月球的核心只占其全部质量的2%～4%，这比地球核心所占的比重要小很多。如果它们都是同一个起源的话，那么两者的核心比例应该不会相差那么多，所以这个假说是不成立的。

人们一直关注月球的起源与演化的问题，也提出了很多关于月球起源的假说。和“俘获说”“分裂说”“碰撞成因说”一样，“地月同源说”也是其中的假说之一，并没有什么科学依据。

“地月同源说”坚信月球和地球是兄弟、姐妹关系，月球与地球是同一时间出生的，或者是在同一区域产生的。

这一假说的支持者认为，在原始太阳星云内，温度和化学成分主要在于与太阳之间的距离。太阳系的每个行星都有各自的不同区域，并且由不同化学成分的星云物质凝结而成。月球与地球之间的距离比较近，形成过程也比较相似，应该属于同时形成的“兄弟”。而关于月球和地球在成分上的差异，一些科学家给出了这样的解释：行星在形成的过程中，刚开始是凝聚、吸引一些以铁为主要成分的行星核，行星核进一步增长之后，星云中残余的非金属物质才会逐渐凝聚，月球便是由地球所剩下的残余物质凝聚成的。

地月同源说”想要给地球和月球成分差异的原因一个合理的解释，但它的模式与太阳星云的凝聚过程与地月系的运动特征一点也不相同。所以，“地月同源说”这一假说更是无稽之谈，不能成立。

小龙崎说：“这一学说被否定的原因是有些人认为它是错误的。事实证明，这的确是错误的！”

龙叔叔说道：“是啊，每一种学说被提出之后，总会有其支持者和反对者，他们会就这个问题展开辩论。不过不用担心，事情总有明了的一天。”

不可不知的事

月球和地球之间的关系

月球是距离地球最近的天体，也是围着地球运转的、唯一的天然卫星，月球的平均轨道半径为384400千米。月球围绕地球所转动的轨道为一个椭圆形，和地球的最近距离是363300千米，最远距离为405500千米，两者相差了42200千米。地球和月球围绕着一个质心运转，共同质心和地心的距离为4700千米，也就是地球半径的2/3。

4 吵个不停的进化论

小龙崎正对着一具恐龙骨架发呆、叹气，龙叔叔走了过来。他瞅了瞅小龙崎认真的小模样，禁不住问道："小龙崎，你对着恐龙叹什么气啊？"

小龙崎答道："如果恐龙没有灭亡的话，我就可以去动物园看它们了，可是现在却只能对着一堆骨架幻想，真是没劲。"

龙叔叔说："如果恐龙还活着，您认为人会活得安生吗？还动物园呢！再说，恐龙灭绝是因为适应不了环境和气候的改变，自然界讲究优胜劣汰，这是不变的道理。"

小龙崎说："我知道，这不就是达尔文先生的进化论吗？我明白。"

龙叔叔说："呦，还嫌我啰嗦了，那你现在给我讲讲进化论吧！"

小龙崎说："嘿嘿，叔叔，要说讲课，那还得是您啊，我还是适合当听众。"

进化论又称“演化论”，指的就是自然界中“物竞天择，适者生存”的进化理论，指出了生物从低级走向高级，由简单变为复杂的过程。目前，进化论主要是以达尔文的研究为轴心展开的。

达尔文于1809年2月12日出生在英国的施鲁斯伯里，他的祖父和父亲都是很有名的医生，家里也希望他将来能够继承家业。16岁的时候，达尔文便去了爱丁堡大学读医学专业。

不过，达尔文从小喜爱自然，喜欢采集动植物的标本。他的父亲因为他经常外出采集标本而认为他不务正业，最后一气之下把他送到了剑桥大学，学习神学。即使这样，也未能阻挡达尔文收集标本的热情。

1831年，达尔文大学毕业之后并没有走上做牧师的道路，而是继续他的自然研究。同年12月，英国政府组织“贝格尔号”军舰开始环球考察，达尔文经过别人的举荐，以博物学家的身份搭船，开始了漫长的环球考察活动。

每到达一个地方，达尔文就会询问当地的民众，有些时候还会让他们当向导，采集矿物和动植物标本，并由此发现了很多新物种。白天，达尔文收集谷类岩石标本、动物化石，晚上则是将收集的信息记录下来。

1832年2月底，达尔文跟随船只到达巴西，他提出了攀登南美洲安第斯山的要求。舰长被他的这种精神所打动，于是答应了。为安全起见，他还给达尔文派了一个向导。在山上，达尔文发现了贝壳化石。他很是诧异，在高山上怎么会有海底的贝壳呢？经过反复思考，他得出结论：这座山原先是一片海洋！

后来，达尔文又跟随船只到了太平洋，并于1836年10月回到了英国。在这五年的环球考察中，达尔文搜集和掌握了很多的一手材料。回来之后，他一边查找资料，为他的生物进化理论寻找根据，一边进行实践研究。1859年11月，达尔文经过20多年的研究终于写成了《物种起源》。

“啊，我知道《物种起源》这本书，对它有一些粗略的了解。”小龙崎兴奋地说。

“是吗？那你说来听听。”龙叔叔笑着对小龙崎说。

“好啊！在《物种起源》一书中，达尔文明确提出了进化论的观点，认为物种在生长的过程是不断变化的，是一个由低级到高级、由简单到复杂的演变过程。《物种起源》的出版，标志着进化论的正式确立，这在全世界范围内引起了很大的轰动。”小龙崎一口气讲完，脸上洋溢着得意的笑。

“哈哈，小龙崎太棒了！不过，《物种起源》提出没多久，也就是1882年4月19日，达尔文就去世了。人们把他和牛顿安葬在一起，以表示对他的尊敬。

“但是，达尔文去世之后，关于进化论的推翻理论又兴了起来。达尔文的进化论的中心思想是‘物竞天择，优胜劣败，弱肉强食，适者生存’。有人则认为这是不科学的。

“有人指出，达尔文所说的由简单到复杂，只是针对单细胞动物。而这种单细胞动物源于哪里，达尔文并没有作详细的交代。达尔文的进化论是想要向人们证明从猿到人的进化过程，可是自古以来，人就是人，猿就是猿，根本就没有正在进化成人的猿猴存在。所以，从这里也能够得出结论——达尔文的进化论并不科学。

“一些人在发育过程中，也没有变成超人或者非人类，就算是有所不同，那也是物种的独特性，与遗传因素有关系，与进化论没有半点关系。当时的达尔文并没有意识到遗传学说，所以才会闹出这么大的一个误会。”

小龙崎说：“我以后也要像达尔文一样，坚持自己的梦想，做自己喜欢的事情。”

龙叔叔说：“好啊！我就知道小龙崎是一个有志向的人！”

“嘿嘿，龙叔叔，您就不要取笑我了。”小龙崎羞红着脸说。

龙叔叔见到小龙崎如此可爱，也忍不住笑了。

不可不知的事

名为“达尔文”的虫子

1828年的一天，一个大学生正在一棵老树面前转悠着。突然，他看到树皮里面有一些小虫子在蠕动。于是，他急忙将树皮剥开。然后，他看到了两只奇特的甲虫。这位学生把这两只甲虫拿在手里观察着。一会儿，又出现了一只甲虫。这个学生兴奋地将一只甲虫放到自己的嘴里，而去抓另一只甲虫。

由于他观察得太入微，忘记了在嘴里蠕动的虫子。嘴里的虫子放出了一股辛辣的毒汁，将这位学生的舌头蜇得又麻又痛。这时，他才记起嘴里还有一只虫子。于是，他将这只虫子吐到手中，然后就朝着剑桥大学走去。这位学生名为查理·达尔文，而这个虫子也被人们命名为“达尔文”。

5 生命是自发产生的

星期天，小龙崎和龙叔叔到野外探险。这对小龙崎来说可是一种前所未有的体验！一路上，他的嘴巴没闲着，说个不停。突然，一个急刹车，小龙崎猛地撞到了前面，头上立刻起了一个大包。

他捂着自己的头，忍着眼泪问道："龙叔叔，发生什么事情了？"

龙叔叔边下车，边说着："对不起，小龙崎，你没事吧！因为有一只小兔子突然从车前蹿穿了过去，所以我才会紧急刹车。"

"原来是这样！好啦，原谅您了，小兔子也是一个生命呢！嘿嘿！"小龙崎说。

"龙叔叔，生命是怎么来的？为什么这个世界会有生命存在呢？"沉默了一会，小龙崎突然问道。

龙叔叔一下子被这个问题问住了，思考了一会儿，他说道："好，我先就给你讲讲生命是怎么来的。"

一直以来，人们都想证明一个问题，这就是地球上的生命是否是自发形成的。如果你回答“否”，那么，亚里士多德一定会瞧不起你，因为是他提出了“自发发生说”。如果你回答“是”，那么，你又会受到现代生物学家们的冷嘲热讽，因为他们所推崇的就是实验科学与实际观察。确实，到现在为止，还没有哪一个科学实验可以证明“自发发生说”，但是也没有人敢直接否定它的存在。所以，相关的争论从此开始。

古希腊哲学家亚里士多德率先提出了“自发发生说”。在他看来，地球上的一切东西都是由气、水、火、土四种元素组合而成的。物质之所以不同，主要是因为四种元素的调配比例不同。这些元素和原始性质在生物体不同位置的配合比例，就决定了生物本身的性质。生物之所以是活的，是因为它们有“元气”。元气事实上就是火与气两种元素的混合。

关于“自发发生说”的争论从动植物界渐渐转移到了微生物世界，而且争论异常激烈。

最早利用实验来证明“自发发生说”的是意大利医生雷第，他选择了一个流传最为广泛、最容易被世人接受的实验——腐肉生蛆。这一实验过程很简单，但它却是历史上第一个严格的生物实验。为了更好地证明自己的实验，雷第设置了对照组。他最终用实验证明，腐肉中的蛆并非是自发产生的，而是由苍蝇产的卵变来的。

在雷第做完实验后不久，荷兰人列文虎克就通过显微镜发现了微生物。于是，人们又想，虽然蛆之类的生物看来是不能自发产生的，微生物这种简单的生物还是可能由非生物变来的吧？不然，它们怎么这么多，到处都是呢？

尼达姆也坚信“自发发生说”，他还因此做过很多实验以进行证实，并且在1748年将实验结果发布了出来。他认为，在任何物质中都存在一种活力，能够自发长出新生命。当时，类似这样的实验层出不穷，但是实验结果的差异性较大，关于生命可不可以自发产生的争论也从来没有停止过。”

龙叔叔的声音时而高亢，时而低沉，时而快，时而慢，小龙崎的心情也跟着龙叔叔的音调变化着，起伏着……

小龙崎又问道：“龙叔叔，那这个问题现在有没有得出最终结论呢？”

“还没有，可能它会成为人类不可能证明的理论吧！”龙叔叔说道。

“啊？不会吧？即便这是一个死胡同，我也一定要找到出路，现在我就去图书馆查资料！”说着，小龙崎就跑了出去。

不可不知的事

伽利略推翻了亚里士多德的理论

有一天，伽利略带了两个大小一样、重量不同的铁球来到了比萨斜塔。铁球一个重1磅，是空心的；一个重10磅，是实心的。伽利略站在比萨斜塔的上面，向塔下望去。塔下站满了围观的人。大家议论纷纷。一些人讽刺地说：“这个小伙子是不是脑子有些问题！亚里士多德的理论是不会有错的！”实验开始了，伽利略两手分别拿着一个球，大声喊道：“下面的人们，你们看清楚，铁球就要落下去了。”说完，他把两手同时张开。人们看到，两个铁球平行下落，几乎同时落到了地面上。于是，所有的人都目瞪口呆了。伽利略的实验揭开了自由落体运动的秘密，推翻了亚里士多德的学说。这个实验在物理学的发展史上具有划时代的重要意义。

6 难道真有地外生命

小龙崎最近迷上了星球大战，他一直相信外星人的存在，这不仅因为他是个科幻迷，而且还因为世界各处流传的神乎其神的传说。

小龙崎问道："龙叔叔，除了地球以外，还有没有其他的星球和地球上一样生活着人类？"

龙叔叔道："呃，这个问题可真是把我难倒了。关于其他星球是否有人居住，人们有各种不同的回答。大家议论纷纷，却没有找到一个真正的答案。"

小龙崎说："可是，为什么我听说有移民月球的事儿呢？他们都说，那里只要有水有氧气，就适合人类的生存。如果我们人类真的能够去外星球生活，那还真是一件美事呢！再说，现在不是很多人见过UFO吗？听说那是外星人的交通工具呢。龙叔叔，快点给我讲讲外星人的故事吧！"

其实，外星人一说流传很久了。我们在地球上居住的同时，也会想会不会有其他人在另一个宇宙空间中生存？随着UFO以及其他行星被发现，关于地外生命的探讨也越来越激烈。可是，地外生命是否真的存在，人类至今没有找到一个很充分的证据。

自20世纪70年代以来，中国也有很多发现UFO的报道。目前，单是UFO目击者的案例就有几千例，世界上其他的UFO案例更是多达10万件。不过，这些案例都没有得到任何一个国家的官方证明，很多数人所说的UFO其实只是一种正常的自然现象而已。而

在大多数科学家的眼中，UFO根本就是不可能存在的，他们不相信外星人的飞船能飞过这么遥远的距离到达我们的地球。

如今，人们对于地外生命还是心存疑虑，不过与它有关的争议和探索也成为科学家最为关注的命题之一。

1960年，美国天文学家德雷克提出了一个寻找地外文明的“奥茨玛计划”。不过，这个计划从开展以来就受到了科学界人士的广泛争议。萨根、德雷克等人对这项计划非常乐观，而其他一些科学家则抱着观望的态度。

“奥茨玛计划”实施十年之后，仍然没有收到任何的效果。接着，科学家们试着用另一种方法去认识地外文明，那就是不断向外发送地球上的信息，以此来告诉外星人地球人的存在。不过很遗憾，到目前为止，他们也没有收到任何外星人的回电。

1994年，美国依利诺斯大学的射电天文学家利用射电望远镜对星云进行观测，发现了星际分子甘氨酸。这说明除地球外，星际之间还有构成生命的其他物质存在。这个发现也让那些相信地外生命的人更加坚定了自己的信念。

“有没有一些科学家是不赞同的呢？”小龙崎问道。

“当然有了。美国天文学家唐纳德·布朗利对地外生命的态度就并不乐观。他认为地外生命即使真的存在，也只是细菌而已，并且外行星那种条件恶劣的环境根本不适合人类的生存和进化。

“到21世纪，关于地外生命的争论仍在继续。或许在未来的一百年或者几百年的时间内，人们能够得出真正的结论，但对宇宙太空的探索，人们需要不断接力，坚持到底。”

讲完之后，龙叔叔笑着说：“你认为这个世界上有外星人吗？”

“嗯，这个，这个……我也不太清楚。”小龙崎挠着自己的小脑袋说。

“其实，我也不太清楚。关于地外生命的争论，大家各抒己见，却没有任何有力的证据可以证明自己的观点……”龙叔叔感叹道。

“龙叔叔，不用担心。长江后浪推前浪，说不定后人可以给出答案呢！”小龙崎大声道。

龙叔叔因这句话震惊了，转而笑了起来。

不可不知的事

动物神秘死亡

许多年来，家畜离奇死亡之事一直困扰着很多农场主和农民。20 世纪 70 年代以来，数百具动物尸体被发现，而且这些动物死亡事件无法用科学的方法进行解释。例如，动物体内没有了血，就连器官也以“精确的手术”摘除了。于是，有些人将这些事件的原因归于外星人。

7 大陆漂移学说，你反对吗

小龙崎放学之后，兴高采烈地来找龙叔叔："龙叔叔，龙叔叔，什么是'大陆漂移学说'？ 您赶快给我讲讲吧！我现在就想要知道！"

龙叔叔不慌不忙地从书房走出来，笑着问小龙崎："又发生了什么事情，你怎么会想到这个问题？"

"今天，我在地理书上看到说全球共有七大洲，还有'大陆漂移学说'什么的？"

龙叔叔抑扬顿挫地说："好吧，你可要听好了！"

从盘古开天辟地起，世界就变成了现在的地理格局。"大陆漂移说"与"大陆漂移假说"同属于一个概念。"大陆漂移学说"最开始是由亚伯拉罕·奥特柳斯在1596年正式提出的。"大陆漂移假说"是阿尔弗雷德·魏格纳在1912年的一篇重要学术论文中提出来的，他在三年之后出版的一部专著中对这一假说加以改善和发展。

一直以来，"大陆漂移学说"都被解释为关于地壳运动与海陆分布、演变的学说。大陆与大陆之间以及大陆相对大洋盆地间的大规模水平运动，称为"大陆漂移"。"大陆漂移说"认为，地球上所有的大陆在中生代之前都是统一的巨大陆块，称为"联合古陆"。从中生代开始，联合大陆分裂并漂移，逐渐达到了现在的位置。

"大陆漂移学说"和"板块构造学说"在理论上有所不同。前者假设大陆漂移的推动力是潮汐；后者假想板块移动的推动力是地幔对流。最值得一提的是，魏格纳的确已经向

地球科学和根深蒂固的传统信仰的基础发起了正面冲击。因为这个假说要求对地理学的全部基础进行重新修订，人们几乎马上就意识到了此假说潜在的革命性。20 世纪 20 年代，国际科学界就此展开了一场激烈的全球性论战。其最主要的事件，就是 1926 年由美国石油地质学家协会在美国俄克拉荷马州的图尔萨召开的一次辩论会。

有的权威学者对这个理论深表怀疑，但态度是宽容的，另外一些人则极力提出了他们支持的地质学论据，并故意用一种伪科学和错误的方式为自己进行无理辩护。

大多数人认为，大陆漂移所需要的巨大能量是无法想象的动力。争论的焦点可以用这样的言语来形容：“脆弱的陆地之舟，航行在坚硬的海床上。”

然而，支持魏格纳的人也是大有人在。其中最著名的就是哈佛大学的雷金纳德·A. 戴利，他十分赞同“大陆漂移学说”的基本思想。

无论支持也好，反对也罢，魏格纳一直都相信自己所提出的新观点是具有革命性的。1911 年，也就是在正式提出自己观点的前一年，魏格纳曾写信给他的同行、教师 W. 科本。他写道，为何我们要“犹豫不决，不愿意放弃自己的新观点”？“为什么人们极力阻止新的观念达 10 年甚至 30 年之久？或许就是因为它是具有革命性的？”紧接着，他为自己的反问作出了满意的回答：“我认为旧观念的寿命已经不会超过 10 年了！”

终于，魏格纳等到了这一天。20 世纪 50 年代中期，不断被发现的新证据对“大陆漂移学说”越来越有利。1960 年，“海洋学说”的出现让“大陆漂移学说”终于出现了转机，并被发展、阐述为“板块构造理论”。一场有关地球科学的革命才真正发生。

龙叔叔一口气讲完，长长地舒了一口气。他看着似懂非懂的小龙崎，问道：“你听懂了吗？”

小龙崎摸着自己的脑袋，慢吞吞地说：“好像有些明白，又好像没有明白……”

龙叔叔看着小龙崎呆呆的样子，哈哈大笑道：“好啦，关于这个问题，我会慢慢地、详细地告诉你的，以后你会明白的。”

“好吧！”小龙崎不好意思地笑了。

不可不知的事

地幔对流运动

1928 年，英国地质学家 A. 霍姆斯提出，地幔对流的上升流处地壳裂开，形成了全新的大洋海底；地幔对流的下降流受到地壳的挤压，形成了山脉。1939 年，D.T. 格里格斯提出，因为岩石传导不良，放射热的聚集让地幔的下层升温、膨胀、变轻，从而产生气流，并最终导致对流的出现。20 世纪 60 年代后期，“大陆漂移学说”出现之后，地幔对流运动被普遍认为是大陆漂移的驱动力。

三、挫折，奏响成功的凯歌

1 灯泡愁坏爱迪生

一天，小龙崎正一个人在家写作业。写着写着，房间里面的电灯突然灭了。停电了？想到这里，他放下笔，找龙叔叔玩去了！

“小龙崎，你不在家写作业，怎么有时间来我这里呀？”龙叔叔笑眯眯地说。

“咦，龙叔叔，你们家里怎么会有电？我房间里的灯已经灭了呀。”小龙崎很惊奇地问道。

“停电了吗？没有吧，肯定是你房间里面的灯泡坏了。你没有试试其他的灯吗？”龙叔叔说道。

“我房间里的灯灭了，那其他的灯肯定也灭了呀！”

“不，不，一个灯的明灭，丝毫不会影响其他的灯的。这个问题，爱迪生早在 100 多年前就帮你解决了。”

“龙叔叔，反正我已经出来了，您就给我讲讲爱迪生的故事吧！”

“好，那你听完之后就要去写作业啊。”

爱迪生是美国伟大的发明家，我们现在用的灯泡就是他发明的。1877 年，爱迪生开始了改革弧光灯的试验，提出要搞分电流，把弧光灯转为白光灯。这项试验要想成功，灯丝必须是一种能够

燃烧到白热的物质，能够在2000℃的高温下燃烧1000个小时。同时，灯丝要能够经受平时使用的击碰，价格要便宜，一只灯泡的明灭不能影响到另一只灯泡，要让每只灯泡都独立存在。这个想法在当时可是非常大胆的……

但是他没有放弃，一直坚持着，坚持着！一开始，爱迪生选用了炭化物质进行试验。失败之后，他又尝试用金属铂和铱高熔点合金作为灯丝，此外还分类试验了1600多种不同耐热的材料。很可惜的是，试验都失败了。不过这个时候，爱迪生和他的助手们已经有了很大的收获，他们明白只有将白热灯丝封闭在一个高度真空玻璃球内，它才不容易融化掉。这样，爱迪生的试验又重新回到了炭质灯丝上来。

爱迪生将全部的精力都花在了炭质灯丝上，光是进行炭化试验的植物就已经达到6000多种。他记了200多本实验笔记，先后研究了3年。每天，他需要工作十八九个小时。有时，直到凌晨三四点，他才会抱着书本睡去。有时，他只是在实验室的凳子上休息三四次，一次半个小时。到1880年上半年，爱迪生的白热灯试验还是没有任何结果，他的助手都已经灰心了。

"哎，他的助手简直太不理智了，就这样放弃了！"小龙崎愤愤地说，"那以后又发生了什么呢？"

"有一天，爱迪生随手将实验室里芭蕉扇边上拴着的竹丝撕成细丝，经过炭化之后做成了灯丝。这一次的试验结果比以前做的任何试验都成功，这也成了爱迪生最早发明的白热电灯——竹丝电灯。这种竹丝电灯一直被使用，直到1908年，钨丝灯才逐渐将它代替。

"在此之后，爱迪生又将精力投入到了研制碱性蓄电池上。这种蓄电池主要被用于提供原动力。这项试验难度很大，不过爱迪生的钻研精神更是惊人。他和一位助手苦苦地研究了将近十年，虽然经历了无数的困难和失败，但他从来都没有动摇过自己的信念。失败了，就站起来重新开始。终于，在经过了大约5万次的试验，记录了150多本实验笔记之后，爱迪生才真正地成功了。”

小龙崎惊叹道：“哇，爱迪生真的好伟大啊！灯丝经受了高温的考验，为什么我们用的灯丝还是那么容易坏呢？我们家的灯泡隔一段时间就要更换。龙叔叔，世界上有最长寿命的灯泡吗？”

龙叔叔答道：“当然有啊！美国有一个灯泡活了100多年了，是世界的灯泡之王啊。”

不可不知的事

世纪灯泡之王

我们日常使用的灯泡，隔不了太久就会坏掉。不过，你知道吗？在美国加利福尼亚莫尔消防局里面，有一只灯泡已经不分昼夜地亮了一个世纪了。

消防局里面的每一名消防战士都不敢碰触这个“灯泡之王”，甚至都不敢为它擦去身上的尘土。这个“灯泡之王”已经持续地亮了100万个小时。消防员汤姆·布拉梅尔说：“它之所以能够亮这么久，主要是因为它的做工非常精密。灯泡里面完全是真空状态，这样才保护了灯丝不被损坏。这就是它长寿的秘密。”

2001年是“灯泡之王”的百岁生日，美国消防局还专门为它举办了一场生日宴会。如今，人们都在期盼着它的200岁生日。

2 小小少年贡献大

龙叔叔要买一台电视机，小龙崎跟着去了电器广场。面对着眼前各式各样的电视机，小龙崎的眼睛都要花了。他抱怨道："龙叔叔，为什么要发明这么多样式的电视机啊？只发明一种多好，到时候也不至于选花了眼。"

龙叔叔语重心长地说："小龙崎啊，你这可理解错了。样式不同的电视机是针对不同人群而设计的。大屏幕的电视机分辨率高，看着也舒服，是青年人的最爱。有一些护眼电视则是专门为了小朋友们设计的。因为小朋友的护眼意识比较薄弱，对电视节目没有抵抗力。"

小龙崎说："叔叔，我们去歇息一下吧，我的腿都要走酸了。"

龙叔叔无奈地叹口气，说道："好吧，我们去隔壁那家餐饮店喝点饮料，我顺便给你普及一下有关电视机发明的知识。"

你知道吗？电视机的发明不是一个人的杰作，而是倾注了很多人的心血，有发明家，有学者，还有企业巨头。不过，最值得一提的是一位 14 岁的少年天才。

其实，最早开始研究电视机的是一位名叫卡塞利的意大利血统的神父。他曾研究出了一种用电报线路传输图像的方法，不过对于电视机的研究，他只是开了一个小头。

1908年，英国一位名叫比德韦尔的人在给《自然》科学杂志写信时，提到了自己对于电视机装置的设计。这引起了电气工程师坎贝尔·斯温登的兴趣，他决定开始一项用一根线路传输所有信息的研究。

那个时候，坎贝尔·斯温登已经事业有成。经过不懈的研究，1911年，他取得了电视机系列基础的专利。不过，坎贝尔·斯温登只是提出了电视机装置的相应理论和想法，并没有发明出相关的电视机装置。

与此同时，俄罗斯彼得格勒理工学院的波里斯·罗生教授研制出了自己的电视机装置。他用一台类似于发射机的机器作为发射器，接收机则使用的是阴极射线示波器。不过，罗生发明的电视机装置效果不是很好，只能看到模糊清晰的图像，并不清晰。"

但罗生的实验吸引了他的一个学生，就是众所周知的电视机发明人弗拉迪米尔·兹沃利金。他是一位致力于电视机研制几十年的俄罗斯工程师。在此，不得不提的一位14岁少年，就是美国的费罗·T.法恩斯沃斯。

"哎呀，龙叔叔，您就不要卖关子了，还是赶快告诉我吧！"小龙崎显然有些迫不及待了。

"法恩斯沃斯出生在一个农民家庭，他很对机械装置有着天生的记忆力和理解力。3岁的时候，他就画过一张蒸汽机车的内部结构图，这让他的父亲很是惊奇。14岁的时候，法恩斯沃斯就想发明一台将声音和图像结合在一起的'收音机'。但这位少年并没有接受过正规的电子学和工程学方面的教育，这也造成了他和其他科学家在电视机方面的想法完全不同。当所有的科学家将注意力放在'机械'电视机上时，这位小小少年却想着将屏幕划分为许多长条，让电流沿着长条的各个点形成黑白区域。当这些长条相互紧密叠加的时候，就能够形成一幅图像。"

"这难道就是电视机的原型吗？"小龙崎问道。

"是的。不得不说，法恩斯沃斯是一个少年天才。后来，事实证明，他所发明的这个

装置要比科学家们正在研究的机械装置高明得多。实际上，这些原理和装置到现在还有它的价值。

“当时，在法恩斯沃斯看来，用机械装置传递图像是行不通的。因为他相信，无论什么时候，电子的速度都是机械装置无法比拟的。这样传送出来的图像要清晰得多，而且还不需要活动元件。所以，法恩斯沃想将画面转成电子流，使电子流像无线电波一样在空间传播，最后再由接收机合成图像。在今天，这是一件非常简单的事情，但在当时，确实没有其他人想到这种方法。

“19 岁时，法恩斯沃斯向很多权威的电视机专家发起了挑战。他指出，现在的电视机专家将大部分的精力花在了没用的地方。

“经过多年的坚持和努力，法恩斯沃斯的研究取得了成功。20 世纪 30 年代后期，美国专利局认定，法恩斯沃斯才是电视机的发明者。”

“哇，他简直太伟大了，他的成绩足以让其国人为之自豪和震撼。”小龙崎将自己的声调拉得很长。

“哈哈！何止是国人，当时连世界都震撼了，因为他创造了一个不朽的神话。”龙叔叔感叹道。

不可不知的事

世界上最大的电视机

截至 2013 年，世界上最大的电视机有多大呢？答案是 201 英寸！它由德国著名跑车厂商保时捷设计，由奥地利的 CSEED 公司制造出来的，耗时 4 年，是目前全球最大的 LED 电视机。

3 为化学终身不娶的波义耳

小龙崎曾经在他表哥的研究室内看过一本名为《怀疑派化学家》的书，从此他便经常以“怀疑派小玩家”自居。

一次，龙叔叔问他：“小龙崎，你为什么会自称‘怀疑派小玩家’呢？这有什么含义吗？”

小龙崎答道：“当然有了，‘怀疑派小玩家’和‘怀疑派化学家’都是那么酷的名字，像侦探一样！”

龙叔叔摸了摸头上的冷汗，说道：“你了解‘怀疑派化学家’吗？乱盗用人家的名字，不怕别人不高兴啊！哎，为了你这个怀疑派，我决定好好给你讲讲怀疑派化学家是怎么一回事。”

《怀疑派化学家》一书是英国化学家波义耳的著作。1627 年 1 月 25 日，波义耳出生在爱尔兰的一个贵族家庭，是 14 个兄弟中最小的一个。他小时候并不聪明，还有些口吃，但他却十分好学。他阅读过很多科学书籍，还曾经到欧洲留学。著名物理学家伽利略所著的《关于两大世界体系的对话》对他影响很大，他的《怀疑论化学家》便是依照伽利略

的《关于两大世界体系的对话》一书写成的。

1644年，波义耳跟随姐姐在伦敦居住。在这期间，他开始接触医学和农业，学习了很多关于化学的知识，并且成了一名化学实验家。1654年，波义耳迁居牛津。在那里，他成立了设备齐全的实验室，并且聘请了一些有才华的学者，带领他们进行各种实验研究。《怀疑论化学家》一书便是在这里写成的。这本书主要以对话的形式，记载了四位学者讨论问题的情形，这四位学者分别是逍遥派化学家、医药化学家、哲学家和怀疑派化学家。逍遥派化学家代表“四元素说”；医药化学家代表“三元素说”；哲学家保持中立；怀疑化学家则向传统历史提出了挑战，以明快和有力的论述批判了很多旧观念，提出了许多新见解。这本书曾经在欧洲大陆广泛流传。

1668年，波义耳的姐夫去世，他又回到伦敦和姐姐居住。他在自家后院建了一个实验室，继续进行实验工作。1670年，波义耳因为过度劳累而中风，无法再进行实验工作。于是，他又开始整理自己多年从实践和推理中获得的知识。身体状况稍微好一些后，他就会又钻进实验室，并且乐此不疲。1680年，波义耳被推选为皇家学会的会长，不过他婉言拒绝了。1691年12月30日，这位伟大的科学家去世。波义耳将一生都花在了科学事业上，并没有结婚。恩格斯曾经给予他很高的评价：“波义耳把化学确立为科学。”

小龙崎说道：“哇！他真的好伟大啊！为了科学事业，竟然终身不娶。”

龙叔叔：“是啊，如果科学家都有他这种精神的话，那么世界的科研事业不知道要进步多少呢！”

小龙崎说道：“龙叔叔，如果都像波义耳这样终身不娶的话，科学是进步了，人类可是倒退了！”

龙叔叔笑着说：“臭小子，我说的是‘精神’！‘精神’，懂吗？”

不可不知的事

终身未娶的诺贝尔

诺贝尔是世界闻名的炸药大王。他和波义耳一样，为了化学事业，一生没有娶妻。诺贝尔1833年10月21日出生在瑞典首都斯德哥尔摩，父亲也是一位著名的发明家。从小受到父亲的影响，诺贝尔有129项发明专利是有关炸药的。他生前有句名言："我更关心生者的肚皮，而不是以纪念碑形式对死者的缅怀。"

4 搬起石头砸了自己脚的普利斯特里

龙叔叔正在做化学实验，“跟屁虫”小龙崎又来了。

小龙崎问道：“龙叔叔，您在做实验啊？”

龙叔叔说：“小龙崎啊，来！你将一根点燃的火柴扔到这个罐子里面，看看有什么反应？”

小龙崎按照龙叔叔所说，将一根点燃的火柴扔进了罐子里：“哇，龙叔叔，火柴灭了。”

龙叔叔说：“是啊，罐子里面的氧气稀薄，所以无法让火柴点燃。只有在有氧气的情况下，火柴才能够燃烧。哎，普利斯特里其实早就发现了氧气，可惜他却不认识氧气。”

小龙崎说：“龙叔叔，您说得像绕口令一样。您还是给我讲讲他的故事吧！”

普利斯特里于1733年3月13日出生在英国利兹，他从小家境贫寒，是在亲戚家中长大的。从神学院毕业之后，他便做了一名牧师，化学只是他的业余爱好。他写了很多神学著作，而真正令他名扬海外的却是他的科学著作。普利斯特里31岁时，写成了《电学史》一书。这本书在当时很有名气，他也因此入选英国皇家学会会员。

39 岁时，他又写了一本很有名的书《光学史》。那个时候，他一边做牧师，一边从事化学工作。他最大的成就就是对气体的研究。他研究氢气与各种金属之间的化学作用。他还将木炭放在一个封闭的容器中燃烧，发现木炭能够使容器中的空气变为碳酸气，用石灰水将这种气体吸收后，剩余的气体既不能助燃，也无法辅助呼吸。他将这种气体称为“被燃素饱和了的空气”。

1766 年，普利斯特里出版了三本关于几种气体的实验和观察的书，里面详细记载了每种气体的制备或性质。因为他在气体研究方面成就巨大，所以人们称他为“气体化学之父”。1774 年，普利斯特里将氧化汞用一个玻璃器皿盛着，用聚光镜对其进行加热，发现氧化汞能够很快分解出气体来。刚开始，他认为这种气体是空气，经过反复实验后，他制出了氧气。不过他是个顽固的“燃素说”信徒，所以他将这种气体称为“脱燃素空气”。这不，他明明制出了氧气，却不认识氧气这种气体。

同年，普利斯特里向拉瓦锡介绍了自己的实验。拉瓦锡听了之后，并不相信普利斯特里的“燃素说”。于是，他自己也亲自做了实验，并制出了氧气。可不管拉瓦锡对普利斯特里如何解释，普利斯特里就是不相信“氧气说”。他一直坚信的就是错误的“燃素说”，并且还写了大量的文章来反驳“氧气说”。不得不说，这是一件非常有趣的事——一个发现氧的人，却不认同氧的存在。

小龙崎听到这里，惊奇地说：“啊？不会吧？普利斯特里这不是搬起石头砸了自己的脚吗？”

龙叔叔：“是啊！不过，普利斯特里因病去世后，英、美两国人民都对普利斯特里十分怀念。在英国，人们为他立起了全身塑像。在美国，普利斯特里居住过的房子已经成了纪念馆，而以他的名字命名的‘普利斯特里奖’也已经成为美国化学界的最高荣誉。”

不可不知的事

外表美丽、内心邪恶的氧化汞

氧化汞是一种橙红色或亮红色鳞片状的结晶或结晶性粉末。它就像一个百变超人，让人眼花缭乱。当粉末非常细的时候，它的颜色为黄色，质量重，没有味道；当它暴露在光线下，可以迅速分解成为汞和氧；在400℃时，它会几乎变成黑色；冷却时仍为红色；500℃时，它又会分解成汞和氧。就是这样一种变化无常的物质，却含有剧毒，只要一点点就可以致人死亡。

5 与水稻结缘的袁隆平

一天，小龙崎问道：“龙叔叔，我看世界上有些地区的小朋友都吃不上饭，他们那里难道不适合种植粮食作物吗？再说，袁隆平教授发明的杂交水稻产量很高，他们那里为什么不种呢？”

龙叔叔说：“水稻并不是在任何地方都能够种植的。”

小龙崎说道：“啊？不行，不行！龙叔叔，快给我讲讲袁隆平和水稻的故事吧！”

我是杂交水稻

要说这位袁隆平教授，可真是一个了不起的人，他可是有中国“杂交水稻之父”的称号哦！虽然他相貌平平，穿着朴素，但就是这样一位和蔼、平凡的小老头，在中国的土地上创造了非凡的奇迹。

事情要从20世纪60年代初期讲起。当时，一场大的饥荒席卷了中国。那个时候的袁隆平响应国家的号召，和学生一起去黔阳县的硖州公社秀建大队支农。生产队长老向曾对袁隆平说：“袁老师，听说您是做试验的，如果能够研制出一亩地产800斤的水稻该多好啊，这样我们就不会挨饿了。”正是从这个时候起，袁隆平的心中埋下了一个毕生的追求目标。

为了不再让人们挨饿，袁隆平不断地试验，一步步地接近这个梦想。他为此所承受的痛苦和磨难是常人无法想象的。他回忆起研究水稻的过程，说：‘我从来没有后悔过自己走过的这些路，我这个人有些痴，认准的一定要走到底。”

“我想这条道路一定有很多坎坷，遇到了很多困难吧？”小龙崎说着。

“是的，‘皇天不负有心人’，在袁隆平的精心培育下，杂交水稻终于问世了，他解决了几千年来人们受困的情况，能够有高产量的杂交水稻，可谓是让人们解决了最为基础的温饱问题。他先后获得了很多国内国际的大奖，他由一名普通的教师成为了中国‘杂交水稻之父’。

“不过，外在的名利和荣耀并没有让袁隆平有任何的改变，他还是和从前一样，埋首于水稻研究中。在播种、收获的季节，他依然会骑着自己的小摩托车去田地观察，他会很仔细地查看自己的实验基地。在他的心里，唯一能够触动他的就是杂交水稻。

“1998 年，国家国资局对‘袁隆平’品牌进行了评估，认为这个品牌的价值已经超过了 1000 亿元人民币。这一评估在社会上产生了很大的影响，各界人士都对其给予了积极的评价。

“‘隆平高科’上市后，有很多人称现在的袁隆平已经是亿万富翁了，根据常人的理解，亿万富翁应该是坐着豪车，住着别墅的。不过袁隆平却和往常一样，没有任何的变化，他还是一如既往地生活在试验田里。

“袁隆平说，他的一生有两个心愿，第一便是培育出超级杂交水稻，第二就是希望杂交水稻能够走向全世界，造福于世界人民。”

小龙崎感叹地说：“通过袁隆平教授的经历，我们就能够知道，再普通的人经过自己的努力，也一定会变得不普通。”

龙叔叔说：“没错，除了努力，还要有恒心，有毅力。如果一个成果需要1000次的努力，而你却在第999次的时候放弃了，那么你之前所做的一切努力就全部白费了。”

不可不知的事

郊游决定的学农志向

袁隆平大约6岁那年，跟着老师去参观一个私人园艺场。园艺场的规模并不是很大，但是那里面种植的桃子、葡萄和一些很漂亮的花花草草等对他们这个年纪的小孩子有着很大的吸引力，这给袁隆平留下了很深的印象。那个时候，袁隆平刚好看到一部电影，名为《摩登世界》，里面的主人公也幻想着能够吃到全世界的美食、水果，他那个时候就被园艺场里面的景象吸引住了。也正是从那个时候起，袁隆平便立志长大后要学习农业。他说，如果当时让他去参观一下真正的农村，看看农民辛苦劳作的景象，或许他就不会下决心去学习农业了。这样说来，还得谢谢那个无意间触动袁隆平学农志向的老师呢！

6 科学先驱伽利略·伽利雷的悲惨人生

这天晚上，小龙崎见窗外的星星非常漂亮，就跑到龙叔叔的房间想跟他一起分享，却看到龙叔叔正拿着望远镜对着窗外的天空仔细观察着。小龙崎马上跑过去，说：“龙叔叔，我也要，我也要望远镜。”

龙叔叔把望远镜递给小龙崎，说：“来，给你看吧！这个可以看得更远、更清楚喔！我教你怎么使用。”

小龙崎高兴地接过望远镜，跟随龙叔叔的指点，边看边说：“哇，真漂亮，这么多星星都挤在一起呢！肯定很热闹！这个望远镜真是太神奇了，我好喜欢它，它到底是怎么做到让我们可以看到更远的？”

龙叔叔笑着说：“我们都知道宇宙是无限的，那里还有许多我们不知道的奥秘，人类对宇宙的探索也从没有停止过。了解太空，我们最常用的工具就是望远镜，而发明望远镜的就是伽利略。”

伽利略·伽利雷是世界上知名的科学家，他不仅是天文学家、物理学家、哲学家，而且还是一位伟大的发明家。温度计和天文望远镜都是他发明的，近代实验物理学的开拓者也是他。

17岁那一年，伽利略依照他父亲的意思在当地非常著名的比萨大学学习医学。但是伽利略对于医学并不感兴趣，反而对数学、物理学等一些自然科学有非常浓厚的兴趣。

当然他也进行了反抗，只不过他的反抗是无声的。虽然学习的是医学，但是他对科学的研究始终没有停止过。他努力、仔细地观察着身边的一切，希望可以从中获得科学灵感。

有一天，伽利略看到修理房屋的工人正在重新安装吊灯，他从中受到启发，然后就像着魔了一样开始细心研究摆的运动规律。最终，伽利略非常大胆地提出：亚里士多德提出的结论是不对的，绳子的长度才是影响摆动周期的因素，这和物体的重量是没有关系的。而且，长度一样的摆绳，振动的周期是相同的。就这样，摆的运动规律被伽利略发现了……

伽利略欣喜若狂，但在当时，一个医科大学生的科学发现是没有人会相信的，况且他的说法推翻了非常知名又权威的亚里士多德的说法。

之后，望远镜又被伽利略发明出来，这也是具有非凡意义的天文学研究。通过望远镜，伽利略不断地揭开了一些宇宙的秘密。这些新的发现督促促使伽利略开始写一本有关天文学最新发现的书《星际使者》，他想要向全世界宣布他的观测结果。

这本著作在威尼斯出版，此书的出版马上在欧洲引起了非常大的反响。然而，世事难料。伽利略没想到，望远镜揭开了宇宙的秘密反而惹怒了许多人，一场厄运即将降临到他的头上。

之前的1610年，伽利略离开帕多瓦的大学，回到佛罗伦萨担任托斯坎尼公国的数学家及哲学家，并兼任了比萨大学的数学教授。这年，他访问罗马时，还受到非常热情的招待。他在天文学上的那些新发现以及望远镜的发明，受到当时罗马的高度重视，罗马的一些贵族和科学家也都因他而倍感光荣。

然而，五年后的罗马就变得完全陌生了。到处都是冰冷的面孔，就连熟人也离伽利略远远的，生怕他给自己带来晦气。原来，罗马宗教裁判所有一份黑名单，那上面有伽利略的名字，他这次是被宗教裁判所传来接受大家审讯的。

伽利略《星际使者》的出版，证明了哥白尼的日心说是正确的，他写论文反驳亚里士多德，还通过一些书信直接支持哥白尼的学说。这些信件的副本被寄给了罗马教会。因此，罗马教会就把他召到罗马来审讯。

在教会的强势威胁下，伽利略被迫声明放弃哥白尼的学说。他带着悲伤的心情回去后，沉默了许多年。但是，伽利略在内心依然坚持哥白尼学说，不断地观测和更加深入的研究让他更加确信，哥白尼的学说是一种非常正确的科学理论。

之后，伽利略很少与外界来往，他的身体慢慢变得不如从前，病魔开始在不断地折磨他。但是，他依旧没有忘记宣传哥白尼的学说。他用了将近 5 年的时间，写成了一部非常伟大的著作——《关于两种世界体系的对话》。然而，罗马的宗教裁判所却下令把这本书列为禁书。不久，他就又收到了宗教裁判所让他去罗马接受审讯的公文。此时的伽利略已经是一位 69 岁的老人了。

伽利略带病来到了罗马，没想到，他刚到就被关进了宗教裁判所的监狱，而且还被禁止与其他人接触。在各种折磨下，伽利略被迫在法庭上当众忏悔，并同意放弃哥白尼的学说，然后在判决书上沉重地签了字。

晚年的伽利略很悲惨。他双目失明，处在无限的黑暗中。他唯一的亲人——女儿玛俐亚也比他先离开世间，这更沉重地打击了他。尽管如此，伽利略仍然坚持探索真理。之后，《关于两门新科学的讨论》在朋友的帮助下在荷兰出版。伽利略在 78 岁时过世，当时只举行了一个草草的葬礼仪式。

故事讲完了，小龙崎陷入了沉思。过了好大一会儿，他才悲叹着说：“要不是他发明了望远镜，去探索宇宙的奥秘，说不定现在我们对宇宙还一点儿都不了解呢。”

龙叔叔答道：“是啊，虽然他就这样去世了，但是他一生所捍卫的真理却永世流传。为了纪念伽利略发明的折射式望远镜400周年，2009年被联合国定为‘国际天文年’。后来，人们评价说：‘哥伦布发现了新大陆，伽利略发现了新宇宙。’”

不可不知的事

威尼斯的那些事儿

一直以来，威尼斯都有“因水而生，因水而美，因水而兴”的美誉，享有“水上都市”“百岛城”等美称。其实，在很多年前，威尼斯是没有水的。这还要拜大自然所赐。当时意大利是非洲板块的一部分，非洲板块一直在北漂移着，似乎要挤入欧洲板块下面。就是这种漂移，引起了威尼斯的下沉和阿尔卑斯山的上升。每100年，威尼斯就会下沉1.3厘米。“二战”后，为了满足工农业发展的需求，人们大量地抽取地下水。后来，这种行为虽然被制止，但是无法挽回的后果已经造成：整个城市在20年之内下沉了30厘米，威尼斯人生活的中心——圣马可广场只高于警戒水位30厘米。如今，只要发生洪水，圣马可广场就会被完全浸入水下10厘米，而且这种情况还在不断地恶化。2001年1月，威尼斯遭遇了一次历史上最严重的水灾，洪水持续了4天4夜，城市的大半部分都淹没在了水中。

7 一生孤独的数学诗人海亚姆

自从上次拿着龙叔叔的望远镜去观察天上的星星后，小龙崎就对天文学越来越感兴趣了。听说还有专门观测宇宙奥秘的天文台和天文望远镜，小龙崎就拉着龙叔叔的手，央求他讲一些天文学方面的故事给他听。龙叔叔不忍拒绝，就从欧玛尔·海亚姆说了起来。

欧玛尔·海亚姆是一位在数学界和天文学都颇有成就的科学家。为了更专心地从事研究，他一生都没有结婚，既没子女，又没遗产。他死了以后，他的学生把他安葬在一处郊外的桃树下面。

很多人对他的这种选择并不赞同，对他的一生既崇敬又叹惋。

其实故事还要从头说起。出生在霍拉桑名城尼沙浦尔的欧玛尔·海亚姆是一位波斯诗人，也是一位哲学家和天文学家。小时候，他在莫瓦华克阿訇求学。成年后，他凭借自己的努力和丰富的知识进入塞尔柱王朝玛列克沙赫苏丹的宫廷，担任太医并负责天文学方面的工作。1074 年，他主持筹建了天文台的事情。

海亚姆的家在内沙布尔，海亚姆的父亲是一名手工艺人，由于动乱，他常常带着全家从这座城市搬迁到那座城市。尽管这样，海亚姆仍写出了《算术问题》一书。

20 岁的时候，海亚姆受一位有政治地位的大学者邀请，来到了撒马尔罕。在这位学者的保护下，他开始安心进行一些数学研究，并完成了代数学的重大发现，之后写出了《代数学》一书。

晚年的时候，海亚姆独自回到了老家内沙布尔，还收了一些弟子，与他们一起做预测宫廷未来的事情。因为生活在一个受到异族统治和科学文化饱受摧残的年代，他的晚年生活十分艰苦。所以，他写的很多四行诗都流露出备受压抑的痛心和愤怒的心情。但他写的自然和社会等方面的诗却表现出深深的哲理以及对真理坚持不懈的追求。在以酒为主题的诗中，诗人则表现出对快乐和自在幸福生活的极力追求。

海亚姆一生没有结婚，虽然孤独的他想要找个伴，但为了伟大的研究事业，他最终放弃了结婚的念头。这个为事业献出自己幸福生活的人，被后人称为“最孤独的数学诗人”。当海亚姆的四行诗被翻译成英文之后，他作为一名诗人的名声立即传遍了全世界。如今，他的《鲁拜集》还在许多国家以不同版本出版。

小龙崎说：“真是不可思议！要是有自己的小孩，他说不定会创造更多的奇迹呢！为什么这位伟大的数学诗人最后被安葬在了桃树下面？”

龙叔叔解释道：“是啊。但是后来，多国一起集资，在海亚姆的故乡修造了一座结构非常繁杂的几何体建筑纪念碑，还有非常高大的纪念陵墓。这也算是给了这位孤独一生的数学诗人一个陪伴。”

不可不知的事

最古老的天文台

古人从实际需求出发，十分注重对天体的监测。一些文明古国早就建立了进行天文观测的天文台。在古希腊文明的繁盛时期，埃及的亚历山大就筑造了天文台。早在3000年前的中国周代初年也已经有了天文台。根据相关记载，周文王在都城丰邑东面建造了一座天文台，称为“灵台”。东汉时期建造的灵台高达30米，上有浑仪、相风铜乌及铜表等仪器。但是，现在这些天文台已经不存在了。目前，世界上保存下来的、较好的、最古老的天文台是623～647年修建于韩国庆州的瞻星台。

8 悲剧不断的迈尔

龙叔叔带小龙崎来到了一个地方，小龙崎看到很多人都排着队，就问：“龙叔叔，这是在做什么呀？怎么这么多人排队？难道前面有什么好吃的东西吗？”

龙叔叔告诉小龙崎：“看到那些宣传画了吗？这是义务献血的标志，我就是来这献血的。”

“没有好吃的啊？献血给谁用的？我也要去献血吗？”小龙崎疑惑地问。

“献血是给那些需要输血的人用，比如因受伤失血过多，需要及时输血才能保住生命的人。虽然没有好吃的，但是能救很多人喔！你还太小，不能献血，等你成年后就可以了。”龙叔叔说道。

小龙崎想了想，又问：“龙叔叔，献血后，我们体内的血液是不是就少了啊？长不出来怎么办？”

“献血后，我们体内的血液还会‘长’出来的，因为能量是守恒的。我给你仔细地说一说，你就清楚了。”

我们自身和我们身边的事物，不管做什么事情都需要能量，而且能量还会不停地转化。说到能量，就不得不提能量守恒定律，而第一个发现并提出能量守恒定律的就是迈尔。

迈尔是德国汉堡人。1840 年，他在汉堡当医生。不久，他就作为一名随船医生，跟随船队一起来到了印度尼西亚。当船队在加尔各答登陆，水土不服的船员们都生病了，于是迈尔按常规的方法开始给船员们进行放血治疗。

在当时的德国，放血治疗是在患者的静脉血管上扎一针，这时会看到黑红色的血流出来。但在这里，他却看到鲜红的血从静脉里流出来。这让迈尔感到很意外。他思索后认为，因为人的血液里含有氧，所以血才是红色的，氧在人的身体内不断燃烧而产生热量，以此来维持人的正常体温。

但是加尔各答天气炎热，人就不需要燃烧那么多氧气来维持体温了，因此静脉里面的血仍旧是鲜红色的。迈尔想了很多，最后得出了一个结论——能量是可以转化的。

回去后，迈尔经过研究，写了一篇论文《论无机界的力》。他还把这篇论文投到了《物理年鉴》上，但并没有被采用。最后，这篇论文发表在了一本很不起眼的医学杂志上。之后，他开始不停地到处演讲，但是物理界的学家们并不相信他说的话，还称他是疯子。连迈尔的家人也担心他是否疯了，还请了医生来帮他医治。

迈尔一生遭遇了很多挫折，他从行医开始转到研究物理学，通过不断地努力和艰苦才取得了杰出的成绩，却一直被埋没，甚至还受到攻击。这让他的精神大受刺激，再加上他的 3 个孩子也相继夭折，迈尔终于无法忍受而跳楼自杀。还好，他被人救活了。但他活过来后却变成了一个瘸子，留下了终生残疾。

而且，虽然迈尔自杀没有成功，但他的精神却开始错乱了。他持续在精神病院中疗养，过着与世隔绝的生活，几年之后才慢慢恢复了健康。这期间，他仍以十会顽强的毅力，继续进行关于能量守恒的研究。

后来，科学界又重新认可了迈尔。他从精神病院出来后，被瑞士巴塞尔的自然科学院封为荣誉院士，还获得了英国皇家学会的科普利奖章。之后，他还获取了蒂宾根大学荣誉哲学博士、巴伐利亚和意大利都灵科学院院士等称号。

小龙崎听完不禁感叹道：“真了不起啊，获得了这么多的荣誉！那他之后怎么样了？”

龙叔叔回答说：“在 64 岁的时候，迈尔因右臂结核感染去世了。大家认为，迈尔是一位伟大的天才。

不可不知的事

能量守恒定律

能量既不可能凭空产生，也不会凭空消失，它只会从一种形式转化为另外一种形式，或者从一个物体转移到另一个物体，在转化或转移的过程中，能量的总量不变，这就是“能量守恒定律”。

能量守恒定律是自然界中最普遍、最重要的基本定律之一。从物理、化学到地质、生物，大到宇宙天体，小到原子核内部，只要有能量转化，就一定遵守能量守恒的规律。从日常生活到科学研究、工程技术，这一规律都发挥着非常重要的作用。人类对各种能量，如煤、石油等燃料以及水能、风能、核能等的利用，都是通过能量转化来实现的。能量守恒定律是人们认识自然和利用自然的有力武器。

9 中国有位屠呦呦

小龙崎最近感到身体很不舒服，一直发热，冒虚汗，所以只好去看医生。医生告诉小龙崎，他得了疟疾，并给他开了药，让他回去好好休息。对于不了解的事物，小龙崎可是禁不住好奇的。这不，一溜烟的工夫，他又来到了龙叔叔家里。

小龙崎问道："龙叔叔，医生说我得了疟疾，这是一种什么病啊？折磨得我一点儿力气都没有了。"

龙叔叔说："疟疾是一种常见病，恶性疟疾主要发生在热带和亚热带地区。而在中国，除了青藏高原以外，疟疾也是很普遍的。小龙崎，看你的脸色这么不好，还是赶快回去休息吧。"

小龙崎又问道："龙叔叔，我看医生给我开的药里面有青蒿素，不知道管不管用？"

龙叔叔说："青蒿素是治疗疟疾的最佳良药，你吃完之后，就赶紧休息吧，过几天肯定会好的。"

小龙崎说："嗯，好的，龙叔叔。不过在这之前，您是不是该给我说说青蒿素的故事呢？"

龙叔叔见小龙崎病着，就说过几天等他好了再讲，但小龙崎坚持一定要现在讲，龙叔叔只好答应了。

在1972年的时候，青蒿素就被我国医学家屠呦呦发明了，可是经过了40多年的时间才被国际所承认。

1965年，美越战争正在激烈进行的关键时刻，士兵中爆发了疟疾，对两方的将士造成了很大的威胁。毛泽东收到越南的求助信息后，便命令周恩来总理全力组织研究治疗疟疾的药物。这时，北京的一位专家举荐了屠呦呦。

疟疾对于屠呦呦来说并不陌生，因为她小时候就得过疟疾，虽然并不严重，但是她也没少因此受折磨。屠呦呦接受任务后，便全身心地投入到新药的研制过程中。古书上有过记载，青蒿对于治疗疟疾有很好的疗效，只可惜没人知道青蒿的哪一部分有用，哪一个季节的青蒿有疗效。

经过反复研究，屠呦呦发现青蒿可以治疗疟疾的主要部分就是新鲜的叶子，这让她很兴奋。

不过，青蒿素虽然能够治疗疟疾，却也带有很大的毒性。在研究期间，屠呦呦一直生活在封闭的实验室内，最后得了中毒性肝炎。不过这并没有影响她的继续研究。修养一段时间后，她又重新回到了实验室，并且以身试药，证明了药物的可用性。屠呦呦及其科研小组成员将此药物取名为“青蒿素”。

研究到此本应告一段落了，科研小组的一个成员却将此药泄露到了国外。按理说，这属于中国的知识产权，应该受到保护，可惜，当时的中国人并不懂得其中的道理。青蒿素在国外的流传，引起了一位科学家的注意，他还曾专门来到北京，拜访了屠呦呦。当他向屠呦呦确认了青蒿素这一研究成果后，这位科学家向世界卫生组织汇报了中国发明抗疟新药的情况。

不过，奇怪的是，青蒿素流传到国外之后，并没有得到国外制药商的关注。直到2001年，八国峰会上的八国首脑们将疟疾提上日程，这才引起了各国制药商们的注意并开始积极地投入到开发疟疾药物中。

青蒿素的发明者为屠呦呦，但是她却没有申请专利。很多部门都有其相关的技术材料，却唯独没有她的事情。

2011 年 9 月 13 日，这位默默无闻的青蒿素发明者终于得到了全世界的承认，她被授予了美国拉斯克奖。此时，屠呦呦已经是 81 岁高龄了。有人评论说：“在人类医学史上，像青蒿素这种能够减轻所有人的痛苦和压力、挽救了上百个国家数百万患者生命的科学发现，在世界上并不常见。”屠呦呦的这份荣誉也为中国医药史添加了很浓重的一笔。

小龙崎说：“屠呦呦奶奶真是无私奉献的典范啊！”

龙叔叔：“是啊，如果没有她，你现在都不知道能不能用上青蒿素呢！”

不可不知的事

关于青蒿治疗疟疾的古书记载

晋代葛洪所著的《肘后备急方》记载了用青蒿治疗疟疾的方法。书中记载：“青蒿一握，以水二升渍，绞取汁，尽服之。”这个记载为现代医药研究提供了很珍贵的线索。1971 年，屠呦呦正是因为读了这段文字而受到启发，进而研制出了青蒿素。

四、失败，绕不开
的经历

1 将生命献给分析机的巴贝奇

龙崎的问题

小龙崎抱着朋友送的《发明家小故事》一书找到了龙叔叔。

小龙崎说："龙叔叔，我知道您是无所不能的，我有一个问题要考考您。"

龙叔叔说："小鬼，我知道你又被问题难住了。不要拍马屁，有什么事情就直接说出来，我也好解决。"

"嘿嘿，什么都瞒不过龙叔叔。"说着，他拿出朋友送的那本书，"叔叔，这本书的最后提到了一些夭折的科学发明，但是却没有细讲，您给我讲讲吧！"

龙叔叔拿过书一看，原来说的是巴贝奇："好吧，既然有成功的发明，自然也就有夭折的发明。我给你讲一下巴贝奇，你可要认真听哦！"

1792年，查尔斯·巴贝奇出生在英格兰西南部的托特纳斯，他的父亲是一位银行家，家庭条件相当优越。小时候的巴贝奇就对数学有着极大的兴趣，他所掌握的数学知识甚至已经超过了老师。大学毕业之后，他本来要留校任教，可是他却选择了一条蜿蜒、崎岖的险路。这个事情还要从法国开始说起。

18世纪末，法兰西开始人工编制数学用表，当时并没有先进的计算工具，这所有的一切都要人工完成，其中当然少不了错误。据说有一天，巴贝奇和赫舍尔一起研究天文数表，刚翻看了几页就发现了很多计算错误。这让巴贝奇目瞪口呆，他叫道："希望上帝知道，这些错误已经在全世界弥漫了！"

20 岁的时候，巴贝奇便想要制造一台“差分机”， 他从绘图开始，整个程序几乎都需要自己动手。1822 年，他研制出了第一台差分机，这花费了他 10 年的时间。这台差分机的精确度达到了 6 位小数。差分机的成功让巴贝奇很是兴奋，他上书皇家学院，希望能够获得资金资助，让他研制第二台差分机。英国政府也看到了其中的利润，和巴贝奇签下了合同，并提供了 1.7 万英镑的资助。再加上巴贝奇自己的 1.3 万英镑，这在当时可是一个天文数字。

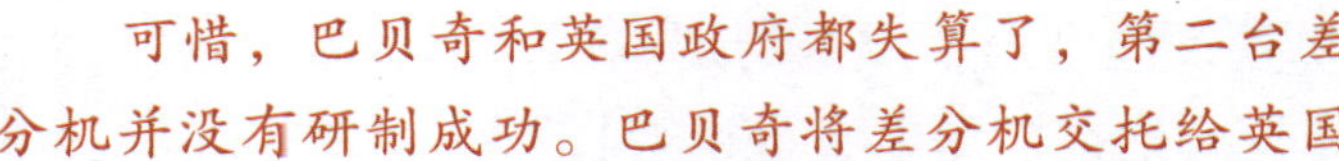

可惜，巴贝奇和英国政府都失算了，第二台差分机并没有研制成功。巴贝奇将差分机交托给英国最著名的机械工程师约瑟夫·克莱门特的工厂来制造，不过工程进度非常慢，设计师心情烦躁，一天从工厂到剑桥要走几个来回。巴贝奇将图纸改了很多遍，让工人一遍遍地重做零件。就这样 10 年过去了，工人所完成的零件却连整个零件数量的一半都没有。参加试验的同事因受不了折磨，纷纷离去。

1842 年，英国政府切断了对他的一切资助，一些同行也以看笑话的姿态看着他，并且说他的差分机最大的用处就是浪费了这么多钱，其他的一无是处。

后来，一位曾经听过巴贝奇关于差分机演讲的伯爵夫人特地上门拜访，并和巴贝奇一起研究。这位夫人就是拜伦的女儿阿达。

就这样，巴贝奇在伯爵夫人的鼓励下，又设计出了“分析机”。这台分析机能够自动计算有 100 个变量的复杂算题，每个数可达 25 位，速度可达每秒钟运算 1 次。阿达则为分析机编制了程序，她被称为世界上第一位软件工程师。他们不分昼夜地工作着，希望能够制造出分析机。可是上帝很不公平，阿达在 36 岁的时候因劳累过度去世了。阿达去世后，巴贝奇自己又坚持了20年，就算在晚年已经不能发音的情况下，他还是坚持工作。

可惜，直到巴贝奇死去，他都没有制造出分析机。不过，他们虽然失败了，却留给了后人非常宝贵的财富，包括30种不同的设计方案、近2100张组装图和50000张零件图！

小龙崎说：“呜呜，巴贝奇真的好可怜哦。

龙叔叔：“自古不以成败论英雄，巴贝奇虽然失败了，但是他的精神却流传了下来。”

不可不知的事

巴贝奇与阿达的缘分

阿达·奥古斯塔是英国著名诗人拜伦的女儿，巴贝奇要比她大20多岁。阿达1岁的时候，父母离异，她从小跟着母亲一起生活，并继承了母亲的数学才能和毅力。

当阿达还是少女的时候，母亲带着她去参观巴贝奇发明的差分机。其他女孩子围着差分机“叽叽喳喳”地说个不停，也没有找出什么头绪。只有阿卡在很仔细地看着，对于巴贝奇的差分机很理解的样子。也许是阿达身上独特的气质给巴贝奇留下了很深的印象，于是巴贝奇邀请小女孩坐下来，为她讲解了差分机的原理，并且答应要和这个小女孩一起研究计算机。

就这样，在阿达27岁的时候，她成了巴贝奇的工作伙伴。二人成了人们眼中的怪诞组合。

2 黯然谢幕的沙皇战车

小龙崎和小伙伴正在玩丢沙包的游戏。小龙崎是第一次玩，只知道躲闪，不知道迎接。因此，他被朋友们称为“沙包中的活靶子”“人类中的沙皇战车”。这一称呼让小龙崎很是郁闷。“活靶子”他还是知道的，可是“沙皇战车”他真的就不知道是何物了。哼！小伙伴的爸爸是军人有什么了不起，我还有龙叔叔呢！这样想着，他便去找龙叔叔了。

龙叔叔看到小龙崎，说：“哈哈，你怎么一脸郁闷的样子，有什么不开心的事啊？”

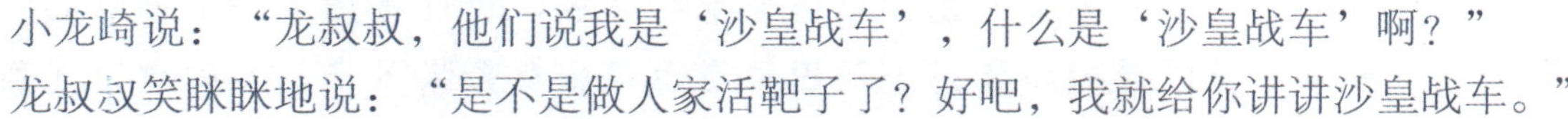

小龙崎说：“龙叔叔，他们说我是‘沙皇战车’，什么是‘沙皇战车’啊？”

龙叔叔笑眯眯地说：“是不是做人家活靶子了？好吧，我就给你讲讲沙皇战车。”

“沙皇战车”又称“蝙蝠战车”，主要是因为它的三角形外形如同一个倒挂着的蝙蝠。1917年8月，第一辆沙皇战车在御前演示时，在它行驶过程中，后轮根本无法穿过障碍物。这样的战车如果上了战场，不就成了敌人的活靶子了？所以，这台沙皇战车还没有来得及上战场，就被送到废铁场重造去了。

沙皇战车的外形还和昂首准备战斗的蝎子很相像。中间的顶部的炮塔距离地面差不多有8米，从射击孔内伸出来很多挺机枪。战车外壳两侧的炮台宽达12米，在此分别配置了火炮。而在外壳底部也有一个炮塔，上面装有机枪，目前并没有关于沙皇战车详细设置的资料，但无论是机枪还是火炮，在设计上都一定会尽可能地达到当时的最佳水平，这一点是毋庸置疑的！

最早设计出来的沙皇战车重量为40吨，后来成型后的沙皇战车则达到了60吨。有人说，之所以会超重这么多，主要是因为它加厚了装甲。沙皇战车整个设计下来，花费了210000卢比，其第一次演示并没有得到预想中的认可。1918年8月，沙皇战车进行了第二次演示，之后便一直被搁置。到了1923年，沙皇战车彻底报废，被拆解。因此，沙皇战车成功跻身“世界十大失败军事发明”之一。

小龙崎说：“原来是这个意思！我虽然丢沙包不行，但是也没有到要报废的地步啊！这几个家伙，看我以后怎么收拾他们！”

不可不知的事

沙皇战车的发明者

1914年，俄国开发了一款超级战车。这在当时很是轰动，这辆战车被称为“沙皇战车”，也就是“蝙蝠”的意思。这台战车的发明者是俄国著名的工程师N.罗波得纳科，因此人们也将沙皇战车称为“罗波得纳科战车”。从上述对沙皇战车的描写可以看出，这个罗波得纳科的想象力还是蛮丰富的。

3 奇异的独轮坦克

小龙崎是一个军事迷，每天必看的就是军事节目和军事方面的书籍。这天，他看了一个军事演习的节目，迷上了那个大家伙——坦克。他想："我长大之后一定要做一名坦克兵，在这里面工作，该有多酷啊！"这时，龙叔叔来找他了。

龙叔叔问道："小龙崎，看什么呢？这么入迷。"

小龙崎说："龙叔叔，我今天确定了我以后的梦想，我要当一名坦克兵。我要当世界上最酷的兵，哈哈！"

龙叔叔说："坦克确实很酷，不过幸亏你没有生在20世纪30年代的德国，否则你可就不会这么觉得了。"

小龙崎说："为什么呀？龙叔叔？"

龙叔叔说："因为他们的坦克不仅不酷，而且还很是滑稽。好啦，那我就给你讲讲他们发明的奇葩坦克——独轮坦克。"

独轮坦克是20世纪30年代由德国人发明的。

说起这个独轮坦克，我不得不佩服它的发明者。这个坦克哪还有坦克的影子，整个就是一个飞碟啊。坦克竟然有这般诡异的形状，也真是闻所未闻了。

不过，一般情况下，飞碟都是横着的，而这个独轮坦克不走寻常路，它的外形是竖起来的。其实，轮子就是坦克本身——如

果这也称得上是坦克的话。独轮坦克的后侧方向有两个辅助轮，主要负责维持独轮坦克在行驶时的平衡。其实在第一次世界大战之前，这种独轮坦克的概念就已经出现了，由此也能够看出人们的想象力是有多么丰富。只是因为当时的技术条件很有限，并没有将独轮坦克生产出来，哪怕是样本车都没有。

小龙崎并没有注意到龙叔叔表情的变化，说道：“呃，这到底是谁设计出来的独轮坦克？这还真是独特啊。我想，我如果生在那个时期的德国，肯定不会想要做什么坦克兵的。现在看来，还是我们国家的坦克最为好看。”

龙叔叔抿嘴一笑，说道：“只要自己坚持，只要自己能够有创新的理念，谁能保证将来你不会成功呢！”

不可不知的事

谁是坦克的发明者

关于坦克的发明者，人们普遍认为是英国人斯文顿。第一次世界大战期间，交战双方为了突破对方的防御阵地，打破阵地战的僵局，急须研制一种火力、机动、防护三者相结合的新式武器。

这时，英国人E.D.斯文顿意外地发现，如果将火炮或者机枪安装在拖拉机上就可以增强实力了。1914年10月，第一次世界大战陷入了僵局。英国的斯温顿中校指出，要想打破这一局面，必须使用装甲车才可以。但是当时的英国陆军对于装甲车没有任何兴趣，不过当时担任海军大臣的丘吉尔却像得了宝贝一般，亲自去现场督促研制工作。

1915年2月，斯文顿向英国政府提议，可以将汽车、拖拉机以及冶金技术等充分利用起来，并且在1915年9月成功制成了样本车。当时的样本车被称为“小游民”，重达18.289吨，厚度为6毫米，上面配置几挺7.7毫米的“刘易斯”机枪和一挺7.7毫米的“马克沁”机枪。此装甲车的最大时速为3.2千米，越壕1.2米，可以通过0.3米高的障碍物。

4 离奇失败的飞行航母

小龙崎从军事博物馆回来之后，脑海中一直想着刚才见过的军事武器，心里很是喜欢。他想，当今的军事武器越来越发达，战争就是军事实力的较量，谁的军事实力强，谁就是最后的胜利者。

小龙崎说：“龙叔叔，您看现在的军事科技进步得多快啊，我们国家的航空母舰都造出来了，我国一定会更加繁荣富强的。”

龙叔叔：“是啊，现在谁是军事强国，谁就不会落后挨打。大多数的军事发明确实是为了国家更好地发展，不过有一些军事发明却离奇失败了。”

小龙崎：“龙叔叔，您就不要卖关子了，赶快说说吧！”

进行军事科技研究的主要目的就是更好地完成任务或者提高国家的军事实力。说起军事发明，你应该会想到太空武器、隐形轰炸机、激光武器、航母等这些高科技、高水平的东西。如今，在军事领域，出现了越来越多的高科技发明。不过以前也有一些军事发明，除了花费大量的资金外，压根就没有起到什么实质性的作用。

1933 年，美国海军的“梅肯号”和“阿克伦号”两艘飞艇在飞行过程中遭到了大气湍流而机毁人亡。1931 年，“阿克伦号”被制造出来，用胡佛总统夫人的名字来命名。至 1933 年 4 月 4 日，“阿克伦号”已累计飞行了 74 次，累积飞行时间达到了 1700 小时。“阿克伦号”在新泽西州海岸外飞行的时候，遭遇了猛烈的风暴，艇身破碎，落入了大西洋。

“梅肯号”属于空中航空母舰，上面有 4 架寇蒂斯的 F9C-2‘雀鹰’侦察机。出事故时，“梅肯号”飞行在加利福尼亚海岸外，正向蒙特利以南的斯珀角飞去，并且刚刚回收了最后一架飞机。突然，一阵狂风袭来，飞艇开始剧烈地翻滚，十字尾翼也突然脱落，将 3 只氦气袋划破了。最后，“梅肯号”与飓风战斗了 40 分钟，坠入大海。

小龙崎说：“虽然最后失败了，但是这些研究者的精神还是值得学习的，毕竟他们的出发点是好的。”

龙叔叔说：“嗯，看来小龙崎长大了呢！”

不可不知的事

中国的航母梦

航空母舰简称“航母”“空母”，是主要以舰载机为主要作战武器的大型水面作战舰艇。舰体一般是巨大的甲板，甲板坐落在左右其中一侧的舰道上。航母属于航空母舰战斗群中的核心军力，舰队中的其他船只负责充分地保护和供给，而航母则是为空中军事武器做掩护，并且给予对方远程打击。航母发展到今天，已经是现代海军不能缺少的武器。它也是海战中最为重要的舰艇之一。

1930年，中国国民党第一次提出了建立中国航母的计划。1937年，中日江阴海战开始，中国惨败，前国民党海军上将陈绍宽提出了建造20艘航母的计划，但是因为一些外在的原因没有成功。

2011年8月10日，中国航母平台出海试验；2011年8月14日，通过改良前苏联航母“瓦良格”号的第1艘中国航母平台从海域出发，返回大连。由此刻开始，中国成为世界上第10个拥有航空母舰的国家！2012年9月25日，第1艘航空母舰完成海军交接仪式，成为中国海军作战队的一员。

5 不实用的摩托车大炮

小龙崎听龙叔叔讲了很多关于军事发明的故事，有好的，也有不好的，还有让人哭笑不得或不得不佩服他人想象力的。哎，近些年来，各国为了在可能爆发的战争中取得有利的地位，千方百计地设计一些先进的武器。殊不知一些武器虽然新颖，却毫无用处。

小龙崎说：“龙叔叔，不是说世界有十大失败的军事发明吗？您才给我讲了几个呀？您看，我现在作业已经做完了，作为奖励，您再给我讲一个吧！”

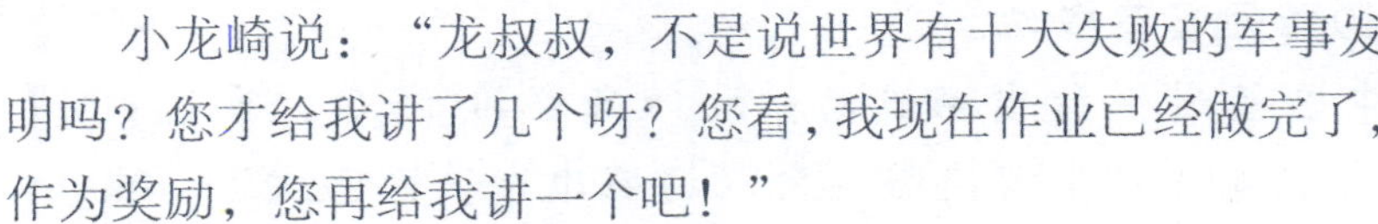

龙叔叔说：“哇，小龙崎，你什么时候这么好学了。以前也没见你这么用功啊！”

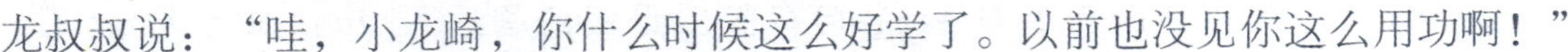

小龙崎说：“嘿嘿，这还不是您的功劳？我只能早早地做完作业，这样才能全身心地听您讲故事呀！”

龙叔叔说：“小鬼，嘴巴都变甜了。好吧，我就再给你讲一个摩托车大炮的故事吧！”

听到摩托车大炮，你是不是很是惊奇？难道摩托车上面也能够安装大炮？不要诧异，下面我慢慢讲给你听。

20世纪50年代，法国和越南发生了战争。不得不说，法国能够成为时尚都市，也不是没有道理的，你看，在这场战争中，法国人就做了一件超乎想象的事情，发明了一件令人诧异的武器。

这件武器绝对让世界震撼。摩托车大炮是在摩托车的基础上发展而来，利用大炮的威力，将大炮和摩托车结合，成为一个更具威力的战斗武器。

摩托车大炮的长相，绝对盖世无双。它拥有摩托车的外形，只是在它的肩上扛着一架大炮，样子看上去十分古怪。其实，这并不怪谁，而是当时的资金实在有限，根本没有办法购买比较先进的武器，只有自己动手，就地取材了。摩托车大炮的主要服务对象就是伞兵。不过，我们能够确定地说，伞兵在这种四面通透的摩托车大炮里，根本得不到任何保护，就连大炮的弹药补给也显得很是困难。如果伞兵运用这种武器作战，即使能够起到一定的作用，却也会让伞兵的生命危险的概率大大提高。

所以，在进行军事发明的时候，不要只顾着省钱，也要考虑它的实用性，否则最后不仅浪费了资金，而且还会给武器的使用者带来巨大的生命危险。

小龙崎说：“哈哈，也亏得法国人能够想出来，将大炮安置在摩托车上，可真是个奇怪的点子！”

龙叔叔说：“好啦，不要笑了，他们也是无奈之举啊！避免伤亡的最好办法就是维持和平，拒绝战争。”

不可不知的事

古代的爆炸性武器——大炮

古代的大炮主要是以火药为能源发射弹丸，口径在20毫米以上的身管射击武器。火炮的种类非常多，配有很多弹药，可以对地面、水上和空中目标射击，歼灭、压制有生力量和技术兵器，摧毁其他工程设施和防御武器，击毁各种装甲目标和完成其他特种射击任务。

6 技术欠佳的步行机器人

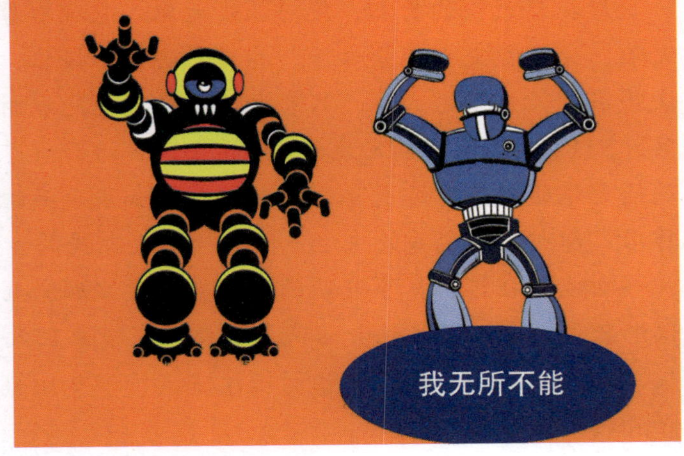

龙叔叔从外地买来了一个小型的机器人，这可把小龙崎给乐坏了，恨不得每天住在龙叔叔的家里。没办法，小龙崎从小到大都没有见过真正的机器人，这次有机会了，怎么会轻易地放过呢？

龙叔叔说：“我说小龙崎啊，你妈妈已经嘟囔我好几天了，说你一直待在我这里，连去外婆家都拒绝了。你能不能回家看看啊？机器人又不会跑。”

小龙崎说：“叔叔，人家是第一次看到机器人，难免会感到激动，您就让我再多看几眼嘛。”

龙叔叔说：“你要再多看几眼，我可安生不了了。好吧，那你给我讲讲自动步行机器人的故事，我就让你多留几天，你妈妈那里我也替你挡着，怎样？”

小龙崎说：“叔叔，您这不是为难我吗？我哪知道什么自动步行机器人啊！哎，好了好了，龙叔叔，您给我讲完这个故事，我就回家跟妈妈去外婆家，行不？”

龙叔叔说：“这才是个乖孩子嘛！”

以前，说起自动步行机器人，大家都认为这只是电影里面的故事，并不会在我们现实生活中发生。不过，现在随着科技的不断进步，机器人已经不稀奇了。可是，你知道吗？在以前的几十年中，也出现过自动步行机器人的发明，但这个发明并不是被运用到日常生活中，而是被运用到了军事上。

1968 年，美国的一位科学家研制出一台自动步行机器人，想要用于军事战争，利用机器人打击对方，而减少己方人员的伤亡。

不过很遗憾，自动步行机器人被研制出来后，经过了测试才知道，机器人重约 3000 磅，最高速度也只能够达 5 英里 / 小时。这样一个体积笨重、速度缓慢的大家伙，怎么能够被运用到军事上呢？

或许专家们就是考虑到了这一点，所以才没将它有投入生产。不过，如果想看到机器人原型的话，可以去美国弗吉尼亚州交通博物馆，那里还保存着这台自动步行机器人。

小龙崎感叹道：“哇，这个想法好奇妙啊！用机器人打击对方，也就是不用真人上战场，这得减少多少伤亡啊！”

龙叔叔说：“可惜，研制机器人的技术有限，并不能达到上战场要求的速度和精准度。就连现在的机器人都不一定能够做到。”

不可不知的事

英国的“手推车”机器人

在西方，恐怖活动一直是让当局十分头疼的一件事情。英国因为民族矛盾，饱受爆炸物的威胁。所以，早在20世纪60年代，英国就已经成功研制了排爆机器人。英国研制的履带式“手推车”及“超级手推车”排爆机器人，已经向世界上50多个国家的军警机构售出了800多台。最近，英国又把手推车机器人进行了改良，研制出“野牛”和“土拨鼠”两种遥控电动排爆机器人，英国皇家工程兵在波黑及科索沃都用它们探测及处理爆炸物。

7 新奇的帕克尔转膛枪

一天，小龙崎与龙叔叔一起去中国人民革命军事博物馆参观。在近代馆，小龙崎发现了一架“相貌”十分古怪的武器。它给人的第一印象就像一支架在三脚架上的巨大转轮手枪。小龙崎对此非常好奇，就指着那个武器，问道：“龙叔叔，那是什么武器呀？”

龙叔叔笑着回答：“那是帕克尔转膛枪。”

“您能给我具体介绍一下吗？”小龙崎的好奇心又来了。

“好的，没问题。”

帕克尔转膛枪，简称“帕克尔枪”，是由英国律师詹姆斯·帕克尔发明的。帕克尔枪和转轮手枪同属于转膛类兵器，不过，最早的转轮手枪是在帕克尔枪诞生 100 多年后才出现的。

当时的帕克尔枪口径为 38 毫米，枪管长约 900 毫米，射速为 9 发 / 分钟，使用的是散装的黑火药，已经初现装弹枪的形态。

有关帕克尔转膛枪的最早记载出现在 1717 年 11 月。在英国的伍尔维克，负责陆军与海军军事装备的军工部官员观看了帕克尔转膛枪的演示。但是很不幸，当时的检测结果是“在伍尔维克测试，不同意订购”。1718 年 1 月，帕克尔又求助于国王，但仍然没有获得订单。不过，在当年 5 月份，针对这项武器，他申请到了专利。

开始并没有出现转机，一直到1722年3月，帕克尔才终于有机会展示自己的武器。他开始在英国《每日娱乐报》上刊登广告，声称“帕克尔先生的枪有铜制与铁制的几种尺寸”，同时还说“本月中旬曾经在伦敦火炮基地得到了检测”。另外，伦敦还有一家杂志转载道：“根据真实的报道，那个时候，还下着雨，帕克尔的枪在7分钟内共发射了63次，每一次发射都会射出1颗大的或者16颗小的枪弹。”之后，英国军工部在将它与一些连发枪进行检测与对比之后，终于认识到帕克尔转膛枪“发射频率快，装填枪弹多，装填迅速’，于是决定与他进行合作。帕克尔还创建了一家公司，出售他的枪支。

按照一般的惯例，这种兵器的口径大于20毫米，在英国属于炮。但是一些专家在著作中，都不约而同地将其称之为手动机枪的先驱……

“为什么？这项发明标志着科技的进步，这些专家们真是迂腐。”小龙崎打断了龙叔叔的话，愤愤地说。

“其实这也不能怪谁，主要是当时社会的缘故。要说这主要缘故，还真可以总结那么几点:

“第一，帕克尔转膛枪与机枪的定义十分相近。机枪均是以枪架（座）或者两脚架作为主要依托、以连发射击为主的枪。帕克尔转膛枪是以三脚架作为依托，尽管它不可以连续发射，但毕竟也是一种十分简单的机械式速射兵器。它非常轻巧，两三个人就可以携行、操作，与重机枪相似。

“第二，帕克尔转膛枪的作用与机枪相同。当时，帕克尔转膛枪的作用就相当于机枪，即以相对较高的射速压制敌人，对集团军有生力量进行杀伤。单发威力估计和那个时期的抬枪相接近。”

龙叔叔顿了一下，若有所思的样子，接着说：“考虑到枪、炮的同源性，早期的枪口径都比较大，再加上英文中的‘gun’本来就是枪、炮不分，所以称其为‘帕克尔转膛枪’还是比较贴切的。实际上，不管是称之为‘帕克尔枪’还是‘帕克尔炮’，这种武器都为机枪的发展奠定了坚实的基础，当之无愧地成了手动机枪的先驱。

“帕克尔转膛枪使用的是滑膛枪管，枪身架在一个可以折叠的三脚架上面，枪管的后部有好几个能够预先装填黑火药与弹丸的弹膛，这些弹膛都被固定在一个圆圆的盘上，共同组成了转轮。转轮的中心轴是丝杠，与此同时，转轮上还设有手摇曲柄。

“使用手摇动曲柄，就可以使转轮沿丝杠前进或者后退。当然了，这个‘军博’的藏品后退位置已经锈死了。前进的时候，弹膛和枪管密切配合就能够点火发射；后退的时候，拨动转轮，以便使下一个弹膛与枪管对准。这样反复进行操作就可以依次连续地进行发射，直到将那几个弹膛全部射空为止。然后再摇动曲柄，把转轮向后从丝杠上卸下来，将另一组装满弹药的转轮换上去，就可以继续射击了。”

小龙崎听到这里，说道：“这个帕克尔转膛枪好有个性哦！真不知道它的发明者是怎么想出来的。”

龙叔叔点点头说道：“是的，在帕克尔转膛枪的专利图上，还画着 3 个不同的转轮，分别包含 6、7、9 个弹膛，并且其弹膛分为方形与圆形两种。帕克尔先生当时竟然规定圆形弹用来对付基督徒中的敌人，而方形弹则用来打击异教徒与土耳其人，真是太不可思议了！”

不可不知的事

扳机击发式火绳枪

1543 年，葡萄牙人将扳机击发式火绳枪传到了日本。这种火绳枪是滑膛枪，前膛装药，有效射击距离是 50 ~ 80 公尺。因为士兵在前膛装药，准备射击的时候，需要分成 6 个步骤，工序十分繁琐，不仅浪费时间，而且要采取隐蔽的姿势。枪管口径过大，枪身长且重，射击距离很短，射击精度差，士兵在立姿举枪射击时，有时候还需要用一个支撑杆将枪托起来，所以，这种火绳枪还不是十分理想的火枪。但是，它毕竟是一种威力强大的新式武器。日本人在对待这种新式武器等新事物的问题上，表现出了强烈的革新愿望。

五、科学，在
“死亡”中前行

1 在火刑中永生的布鲁诺

一天晚上，小龙崎在路上无意间听见几个大哥哥在谈论一个名叫布鲁诺的人。小龙崎看他们谈得那么起劲，就好奇地问身边的龙叔叔：“龙叔叔，布鲁诺是谁啊？比奥特曼还厉害吗？为什么大哥哥讨论得那么起劲？”

龙叔叔停下脚步，和小龙崎一起坐在路边的凳子上，然后说：“布鲁诺是一个非常了不起的人。虽然小时候家境贫寒，但他后来通过自己的努力，成了一个知识渊博的学者。下面我就给你详细地说一说他的伟大故事。”

很久以前，大家都相信宇宙的中心就是地球。而这个观点却被哥白尼颠覆了，他认为宇宙的中心应该是太阳。地球和其他行星都是围绕着太阳转动的。但是布鲁诺否定了这个观点，在他看来，宇宙是没有中心的，遥远的太阳可能都是恒星。

这在当时确实引起了不小的反响，但是随着天文观测技术的不断发展，人们观察到确实如布鲁诺之前所说的，恒星是遥远的太阳。人们还进一步了解到，由无数个太阳系组成的大星系是银河，银河系的边缘是我们的太阳系所在的位置，一直围绕着银河系的中心而旋转。

卫星围绕着行星转动，行星、彗星则绕着恒星转动，从而形成一个个太阳系。双星系是指有两个太阳，聚星系是指有三个以上的太阳。银河系是由成千亿个太阳系聚集在一起形成的，组成银河系的恒星都围绕着一个共同的重心——银心转动。

星系团是由无数的银河系组成的，团中的各银河系同样也是围绕它们共同的重心转动。我们从地球上向天空任意方向看,情况都没什么差别。

布鲁诺虽然不是天文学家，也不是数学家，但他却凭借着超人的能力，极大地丰富和推广了哥白尼的学说。在《论无限宇宙及世界》一书中，布鲁诺更提出宇宙是无限的，是统一的、物质的、无限的和永恒的，还有无数的天体在太阳系以外。我们人类目前看到的只是宇宙非常渺小的一部分，而地球也只是宇宙中的一粒小小的尘埃。布鲁诺还提出，宇宙中所有的恒星全都是像太阳那样的巨大而炽热的星辰，而这些星辰全都以超快的速度向四周飞驰。

很多像地球这样的行星也在它们的周围，又会有许多的卫星在地球的周围。他指出，不仅地球上有生命，那些我们看不到的遥远的行星上也可能会存在生命……

布鲁诺如此勇敢的言论，将人们长达几千年之久的“球壳”思想击得粉碎。一般人都觉得布鲁诺的思想是“骇人听闻”的，就连被称为“天空立法者”的天文学家开普勒也觉得这不可思议，这样的思想让他不能接受。

在天主教会眼里，布鲁诺是那种非常邪恶的敌人。因为布鲁诺的新宇宙观在欧洲被广泛地宣传，他甚至还反对经院哲学，这引起了罗马宗教裁判所的恐慌和仇恨。为了消除这种恐惧，他们用各种阴谋诡计来收买布鲁诺的朋友，然后把布鲁诺诱骗回国，逮捕他并把他囚禁在监狱里。

布鲁诺被囚禁了8年的时间，天主教最终的判决是将布鲁诺处以火刑。就在行刑的那一天，群众把鲜花广场的街道都站满了。被绑在广场中央火刑柱上的布鲁诺向围观的群众庄严地宣布：“黑暗即将过去，黎明马上来临，邪恶最终是战胜不了真理的！”最后，他高喊：“不管是什么样的大火，都征服不了我，只有未来的世界才能真正地了解我，才能知道我的价值！”

突然，他的嘴被刽子手用木塞堵住，接着干柴被点燃，一个伟大的科学家就这样被他们活活烧死了。布鲁诺不怕火刑，坚持同教会、神学作斗争，为科学的进一步发展作出了伟大的贡献，他的科学精神永存不朽！

布鲁诺死后，罗马教廷非常担心人们为了纪念他而去抢这位伟大思想家的骨灰，于是便匆忙地把他的骨灰连同泥土一起收起来，然后把它抛洒在台伯河里。

1619年，罗马天主教的会议决定把《天体运行论》列为禁书。1889年6月9日，人们在布鲁诺殉难的鲜花广场上，为他树立了一尊铜像，以纪念这位为真理而敢于呐喊、为科学而不惜献出自己生命的伟大思想家，永远纪念他的勇气和伟大的功绩。后来人们称他为“继哥白尼之后的天文学家”。后来，布鲁诺越来越受人尊敬，教会也为自己当初的行为感到惭愧。

“这个故事简直太感人了！虽然布鲁诺死了，但是他的精神会永远传递下去，经久而不衰。”小龙崎的眼神变得异常坚定。

不可不知的事

关于太阳的传说

太阳神阿波罗是众神之王宙斯和暗夜女神勒托的儿子。神后赫拉因为对宙斯与勒托的爱情心生嫉恨，对勒托进行了残酷的迫害，致使她四处漂泊。终于，一个好心的浮岛德罗斯收留了勒托，她在岛上艰难地生下了日神和月神。于是，赫拉就派巨蟒皮托前去斩杀勒托母子三人，但是事情宣告失败。后来，勒托母子的好运终于来了，赫拉不再和他们为敌，他们又回到了众神行列之中。后来，阿波罗为了替母亲报当年之仇，用神箭射死了为人类带来无尽痛苦的巨蟒皮托。阿波罗在杀死巨蟒时得意洋洋，在遇见小爱神厄洛斯的时候讽刺他的箭没有力量。于是厄洛斯就用一支点燃恋爱火焰的箭射中了阿波罗，而用一支可以驱散爱情火花的箭射中了仙女达佛涅，让他们陷入痛苦之中。达佛涅为了摆脱阿波罗的穷追不舍，就让父亲将自己变成了月桂树，不料阿波罗依然对她痴心不改，这让达佛涅十分感动。从那以后，阿波罗就将月桂作为饰品，而桂冠成为了胜利与荣誉的象征。每天黎明，太阳神阿波罗就会登上太阳金车，拉着缰绳，高举神鞭，为人类带来光明和温暖。因此，人们把太阳看作是生命和光明的象征。

2 钟爱解剖的维萨留斯

这天，小龙崎出去玩的时候不小心把胳膊摔伤了，于是龙叔叔带他去医院作检查。医生检查后，为他细心处理了一下，说没什么大问题，吃点消炎药就行了。

出医院时，小龙崎看见护士推着病床往手室术的方向走去，病床上躺着的阿姨看起来很害怕。护士安慰她说：“别担心，不是什么严重的病，别听他们瞎说会解剖你。他们所解剖的是一只不听话的小老鼠，而你只是做一个小手术。就当是午休好了，睡醒后什么都好了，现在你可以放心了……

小龙崎很好奇地问：“龙叔叔，为什么他们要解剖小老鼠？解剖很可怕吗？”

龙叔叔笑着说：“可能是那只小老鼠真的不听话或者生重病了，医生在解救它呢。其实，解剖是一门很高深的科学，下面我仔细给你说一说。”

安德烈·维萨留斯是一位著名的医生，他是近代解剖学的奠定人。他最早使用人的尸体来进行解剖，并对解剖学加以标准化命名，被后人称为“解剖学之父”。他的曾祖父、祖父和父亲都曾是宫廷御医。

他没有依靠自己的父母，而是凭借自己的努力打出了一片天地。1533年，维萨留斯在巴黎大学医学院学习。当时，巴黎大学流行人本主义、教条主义，一切理论依据都只从古代学术权威著作中寻找，没有实地考察，也没有亲自动手实验。年轻的维萨留斯怀疑学校里传授的人体知识有误，所以就专攻解剖。为此，他还在自己院子的地窖里悄悄设了间密室，从某座专门处死犯人的绞刑架下偷来了死人的尸体，以此来进行解剖研究。

1544年，他被查理五世邀请去做宫廷御医，于是他来到西班牙。在这里，他诚心为王室服务了大约20年。但维萨留斯的敌人——教会始终没有放过他。由于他被教会诬告搞活人解剖，宗教裁判所据此判处他死刑。后来，西班牙王室从中调解，死刑最后被改为到耶路撒冷朝圣。在朝圣回来的途中，维萨留斯所乘坐的船只突然遭到破坏，全体乘客都被困在赞特岛。最终，维萨留斯含冤病死在了岛上。

他不畏惧、迷信权威，坚持从现实来研究人体，最终以自己解剖学的成就指出了被神学奉为经典的“加仑学说”和《圣经》中的错误。因此，他被教会所迫害，也是第一个在近代科学革命中为科学献身的人。

他写的《人体构造》一书对现代医学发展起了非常大的作用。但在当时，神学家和保守家对此书非常不满，因为它对当时的那些流行观点提出了很多挑战。譬如，盖伦觉得人的腿骨应该像狗的腿骨那样是弯曲的；维萨留斯却说人的腿骨是直的。《圣经》上说男人肋骨比女人少一根；维萨留斯却说男人和女人的肋骨一样多。《圣经》上还写着无论是谁的体内都会有一块既不怕火烧又不会腐烂的复活骨，它能支撑整个人体的骨架；维萨留斯却认定人体内没有这样一块骨头存在。亚里士多德认为心脏是生命、思想以及感情活动的地方；维萨留斯则说发生这些的高级活动场所是大脑和神经系统。

维萨留斯的《人体构造》一书为近代解剖学奠定了基础。虽然维萨留斯献出了自己的生命，但他所创造的解剖人体的研究方法，对后来的生物学发展到了非常巨大的作用。

“听得我好伤感啊！为什么人们不接受他，不接受他的学说？就是因为他与众不同吗？那些可恶的家伙们，简直太讨厌了！”小龙崎愤愤不平地说。

“其实，你应该已经发现，每一个研究、科学成果等的问世，都要经历很多的挫折。或许在当时，这确实是世俗所不容的……”龙叔叔说。

不可不知的事

网络俚语“小白鼠”

在网络上，经常有人说自己是“小白鼠”。“小白鼠”是什么意思呢？其实，“小白鼠”主要是指在中国的一群热爱体验新网络、新技术的IT人士。另外，第一批下载使用全新网络资源、测试可用性的用户，同样被叫作“小白鼠”。

3 死于非命的“神医”扁鹊

有一次，小龙崎偶然间听到了“扁鹊”这个词，他以为是一种鸟类，就问龙叔叔：“龙叔叔，扁鹊是一种什么样的鸟？它跟喜鹊一样吗？是不是它唱歌也非常好听，能给人带来喜事？”

望 闻 问 切

龙叔叔看着一脸期待的小龙崎，说：“扁鹊不是一种鸟，他是古代非常有名的一位神医的名号。虽然我不知道他唱歌是否好听，但我知道他的医术很高，救了很多人，给人们带来了健康。”

“神医？难道神仙也会生病？他是来给神仙治病的医生吗？”小龙崎天真地问道。

龙叔叔笑着说：“呵呵，神医是后来大家称赞扁鹊的医术非常高明，一般人治不好的病，他能治好。既然你这么感兴趣，我就给你讲仔细点。”

我国的中医讲究望、闻、问、切，这是中医临床诊断和治疗的基础方法，这种四诊法也是流传至今并令扁鹊名扬四海的法宝。

扁鹊是春秋战国时期的一位名医，他的医术非常精湛，所以人们就借用神医“扁鹊”的名号来称呼他。

扁鹊精于内、外、妇、儿、五官等科，擅长用砭刺、针灸、按摩、汤液、热熨等方法治疗疾病，被尊为“医祖”。扁鹊年轻的时候不但学习勤奋，刻苦钻研医术。而且，他还把积累的医疗经验广泛用于平民百姓，并周游列国，在各地行医，为民解除痛苦。扁鹊不仅是中国传统医学的鼻祖，而且是中医理论的奠基人。他创造了望、闻、问、切的诊断方法，奠定了中医临床诊断和治疗方法的基础。他尤其擅长望诊和切诊。当时，扁鹊的切脉技术超群，天下闻名。

后来，秦国广招贤能，除重视治理国家的人才外，对医生也非常敬重。各国名医纷纷来到秦国，扁鹊也来到了秦国。

有一次，秦武王与武士们进行举鼎比赛，途中不慎伤了腰部，疼痛难忍，吃了太医李醯的药后未见好转，反而越来越严重了。于是，有人把神医扁鹊已来到秦国的事告诉了武王，武王随即传令扁鹊进宫为自己医治。

扁鹊首先看了看武王的神态，然后按了按他的脉搏，用力推拿了几下他的腰部，随后再让武王自己活动了几下，武王马上感觉好了许多。紧接着，他又给武王开服了一剂汤药。之后，武王的病状就彻底消失了。武王非常高兴，想把扁鹊封为太医令。

李醯得知消息后，害怕扁鹊日后超过他，就不停地在武王面前说扁鹊的坏话，称扁鹊只不过是“草莽游医”。武王将信将疑，但重用扁鹊的念头却并没有打消。

为了确保自己的地位，李醯决定除掉扁鹊这个心腹之患。于是，他偷偷派了两个刺客前去刺杀扁鹊。幸好被扁鹊的弟子发现，扁鹊暂时躲过了一劫。为了避免被杀，扁鹊不得不离开秦国。没想到李醯得到消息后，担心他再回来，又派人继续追杀。他派杀手假扮成猎户，在半路上把扁鹊劫杀了。

小龙崎惋惜地说：“那个李醯实在太坏了，神医扁鹊就这样死于非命，太不值了。”

龙叔叔说：“是啊，世间的坏人无奇不有。扁鹊死了以后，人们为了纪念他，专门在他的家乡建造了药王庙。每年的农历四月二十八，大家都会为他举行盛大的纪念仪式，与此同时，也祈求他保佑人们健健康康、延年益寿。近代还有人成立了‘扁鹊学派’呢。”

不可不知的事

扁鹊救虢国太子

有一次，扁鹊途经虢国，看到那里的百姓都在进行祈福消灾的仪式，就上前询问是谁病了。宫中术士说，太子咽气已经有半日了。扁鹊问明了详细情况，认为太子患上的仅仅是一种突然晕倒、不省人事的“尸厥”症，鼻息微弱，就好像死过去了一样。于是，他亲自查看、诊治。他让弟子磨研针石，刺百会穴，又做了药力可以深入人体五脏六腑的熨药。用八减方的药混合使用后，太子竟然坐了起来，和正常人没有什么两样。经过继续调补阴阳，两天以后，太子恢复了健康。从此之后，天下人便传言扁鹊可以“起死回生”。但扁鹊却否认说，他没有能力将死人救活，只不过是能将活人的病治愈罢了。

4 为爱献身的伽罗瓦

这天，小龙崎见一个姐姐在写数学作业，写得很认真，并且时不时还笑出来。小龙崎问姐姐在笑什么，难道数学里有很多笑话？姐姐告诉他，她非常喜欢数学，以后要像伽罗瓦一样，成为一个伟大的数学家。

小龙崎回到家，找到龙叔叔，问道："龙叔叔，我以后也想像伽罗瓦那样，成为一个数学家。可是，伽罗瓦到底是谁啊？"

龙叔叔听到小龙崎的这个提问，很开心，忍不住就全说了出来。

埃瓦里斯特·伽罗瓦是法国一位著名的天才数学家，他和挪威数学家尼尔斯·阿贝尔一起被并称为现代群论的创始人。他在十几岁的时候就发现了n次多项式是可以用根式解的充要条件，这一重要发现解决了长期困扰数学界的问题。他的工作为“伽罗瓦理论”以及伽罗瓦相关领域的研究奠定了基础，他也是第一个使用“群”这一数学术语来表示一组置换的人。伽罗瓦的理论也是当代代数与数论的基本

支柱之一。

在伽罗瓦12岁的时候，他进入路易皇家中学就读。在学期开始的时候，学校有些动荡，甚至开除了100多名学生，然而伽罗瓦却在前两年的时间里一直保持着很好的成绩，他还取得了拉丁语的一等奖。在14岁的时候，他开始跟随老师学习数学，这让他对数学的热情与日俱增，并且疯狂地迷恋上了数学。对于其他的科目，他都不感兴趣了。学校方面描述说，此时的伽罗瓦是一个“奇异、有原创力且又非常封闭”的人。

伽罗瓦的学习生涯非常坎坷。16岁时，他非常自信地投考梦想中的大学——综合工科学校，却因主考官的无知而名落孙山。两年后，伽罗瓦把他的代数方程解的结果呈交给法国科学院，但是他们却把伽瓦罗的文章连同摘要全都弄丢了。更糟糕的是，当伽罗瓦第二次要报考综合工科大学时，他的父亲却因在选举时被人恶意中伤而自杀。正直的父亲冤死，影响了他的考试发挥，最终考试失败，他的政治观与人生观也逐渐趋向极端。之后，伽罗瓦通过考试进入了法国另一所著名大学巴黎高等师范学校，并获得了学位。他的数学考官曾说：“这个孩子虽然在表达他的想法时有些困难，但他十分聪明，并体现出了不同凡响的学术精神。”

在高等师范学院就读的第二年，伽罗瓦为了争取当年科学院的数学大奖，再次将方程式论的结果写成了三篇论文。但是，傅里叶接到这篇文章后还没来得及看就过世了，伽罗瓦的研究成果再次蒙尘，他就这样眼睁睁地看着大奖落入了别人的手中。

1830年，法国发生了七月革命，保皇势力已亡，高等师范的校长将学生全部锁在高墙内。伽罗瓦对此强烈不满，于是在校报上批评校长的做法不当，因此被学校退学。由于强烈支持共和主义，伽罗瓦曾两度牵涉政治问题而下狱，也曾想过自杀。

然而，他在狱中认识了一位医生的女儿，并很快陷入热恋。但正因为这段感情，他陷入了一场决斗。自知逃不过死亡的伽罗瓦在决斗前夜，把他所有的数学成果快速地记录了下来，并在一旁写着“我没有时间”。第二天，他果真在决斗中身亡。伽罗瓦在临死前曾对自己的一生作了总结："永别了，我已经为公共的幸福献出了自己大部分的时间！"

他的朋友按照伽罗瓦最后的遗愿，将他的数学论文寄给卡尔·弗里德里希·高斯与雅各比，但是都石沉大海。直到几年后，刘维尔肯定了伽罗瓦的成果是正确、独创与深邃的，并在 1846 年将它发表。

小龙崎两眼放光地说："真理最终是最大的赢家，谁也别想夺走。"

龙叔叔说："小龙崎越来越懂事了。伽罗瓦因为创立了群论，开创了数学史上的一个新时代。他不仅是一个数学家，更是一个无所畏惧的斗士。他血气方刚、才华横溢，他在短促的一生中，历经了无数磨难：两次投考综合工科大学都落选，父亲自杀，被师范大学开除，又两次被捕。但他并没有屈服，反而更加坚持自己的信仰，最终成为了一个伟大的数学家，一个让人骄傲的英勇战士！"

不可不知的事

七月革命发生的导火索

1830 年 7 月，法国一举推翻了复辟王朝，极力拥戴路易·菲利浦登上王位。查理十世（1824～1830 年在位）颁布了法令：修改出版法，限制新闻出版自由；解散新选出的议会；修改选举制度。法令破坏了 1814 年宪章的精神，自由资产者与劳动群众感到十分气愤。

5 惨遭毒手的希帕蒂娅

一天，小龙崎来到龙叔叔的房间，看到龙叔叔手中拿着一张图片，上面画着一个女人。小龙崎好奇地问道：“龙叔叔，这个女人是谁呀？”

龙叔叔摸着小龙崎的头，笑着说：“她是世界科学史上第一位女数学家——古希腊的希帕蒂娅。”

“哇，她竟然是科学家耶，太棒了！那么，她现在在哪儿呢？我好想见见她哦。”

龙博士叹了口气说：“她已经死了，而且死得相当悲惨。”

“怎么回事？龙叔叔，您快告诉我吧。”

“别着急，听我慢慢说。”

故事要从370年说起。当时，希帕蒂娅刚刚在埃及出生。他的父亲是一位著名的数学家与天文学家，所以家里经常来一些非常有名的学者与数学家。在他们的影响下，希帕蒂娅从小就对数学充满了兴趣。

于是，她开始从父辈那里学习数学知识，而她的父亲也不遗余力地培养这个非常具有天赋的女儿。希帕蒂娅没有让父亲失望，小小年纪便已声名鹊起。

她从390年起，就开始扩充自己的知识领域。她来到著名的雅典，并在小普鲁塔克当院长的学院中进一步学习数学、历史与哲学。她对数学的精通，特别是对欧几里得几何的精辟见解，让雅典很多学者钦佩不已。

395年，希帕蒂娅已是一位很成熟的数学家与哲学家了。她回到家乡，在亚历山大博物院做教师，主讲数学与哲学，有的时候也会讲授天文学与力学。几年之后，希帕蒂娅就成为了当地最著名的学者。尽管当时基督教与科学的对立日益明显，但还是有一部分基督教徒愿意成为她的学生。

这让基督教会非常恼火。教会对这个不信教却吸引走一些教徒的科学家相当厌恶，并攻击她为异教徒。412年，西瑞尔成为亚历山大的大主教。他是一个狂热的基督教徒，在全城系统地推行所谓的反对异教与邪说的计划，其中所谓的邪说就包括新柏拉图主义。这对希帕蒂娅相当不利，但希帕蒂娅没有向基督教示弱，她拒绝放弃自己的哲学主张，坚持宣扬科学，提倡思想自由。但那些狂热的基督徒们并不是想说服希帕蒂娅，而是想有朝一日除去她。于是，一场有计划、有预谋的暗杀活动开始了。

415年3月的一天，希帕蒂娅像平常一样乘坐着漂亮的马车来到博物院讲学。当她走到凯撒瑞姆教堂旁边的时候，一伙奉了西瑞尔命令的暴徒突然冲了出来，将马车拦住。他们将希帕蒂娅从马车中拖出来，快速地拖进教堂。希帕蒂娅立刻意识到，他们今天要对自己动手了。但是，她丝毫没有畏惧，反而高声怒斥他们的无耻行为。这些丧心病狂的暴徒居然用惨绝人寰的方式杀害了世界上第一位女数学家，一颗耀眼的数学明星陨落了。很快，谋杀希帕蒂娅的案子震惊了整个亚历山大，人们纷纷要求罗马教廷给予凶手最严厉的惩罚。但是主教却宣布，希帕蒂娅现在正在雅典，并没有发生什么悲剧。就这样，这件惨不忍睹的案子竟然不了了之了。

小龙崎听着听着伤心地哭了："那些暴徒太可恶了，希帕蒂娅死得太惨，太冤枉了！"

龙叔叔拍拍小龙崎的肩膀，安慰道："是啊。不过，希帕蒂娅会永远被我们铭记心中，她在数学上的光辉成就仍然鼓舞着无数人，其中就包括很多向科学高峰不断挺进的妇女！"

不可不知的事

雅典的故事

雅典是以智慧女神雅典娜的名字命名的历史古城。相传在很久很久以前，智慧女神雅典娜与海神波赛顿为了争夺雅典女神的位置，相持不下。之后，主神宙斯决定，谁可以给人类制造出一样有用的东西，雅典城就归谁。海神赐给了人类一匹象征战争的壮马，而智慧女神雅典娜则将一棵枝叶繁茂、果实累累、象征和平的油橄榄树献给了人类。人们渴望和平，不希望发生战争，于是这座城最终落到了女神雅典娜的手上。从此，她成了雅典的保护神。之后，人们就将雅典看作"酷爱和平之城"。

6 为数学痴狂的阿基米德

龙叔叔正拿着几张物理学家的画像，看得津津有味。小龙崎走了进来，他看了看龙叔叔手中的画像，指着其中一张，高兴地说："龙叔叔，我认识这个人，他就是阿基米德，对不对？"

龙叔叔笑着回答："小龙崎真聪明，那你对阿基米德了解多少呢？"

小龙崎得意地回答："我知道的可多了。阿基米德是一个数学家与力学家，享有'力学之父'的美称。他发现了不少著名的定理，为国家作出了巨大的贡献。不过，据说他死得很凄惨。具体怎么回事，我就不知道了。龙叔叔，您给我讲讲吧。"

阿基米德出生在西西里岛的叙拉古，从小就喜欢辩论与思考。他父亲是一位天文学家与科学家，在父亲的影响下，阿基米德非常喜欢数学。9岁的时候，他就被父亲送到了埃及的亚历山大城去读书。当时，亚历山大城是世界的文化中心，学者云集，天文学、医学等方面的研究都有较大发展。所以，阿基米德在那里跟着不少著名的科学家学习，这也为他日后从事科学研究奠定了基础。

阿基米德从此之后就疯狂地爱上了天文研究，发展了天文学测量所使用的十字测角器，而且还制成了一架准确测量、计算太阳对向地球角度的仪器。浮力与相对密度原理，也就

是物体在液体中减轻的重量等于排去液体的重量的原理，是他最著名的发现。后来，他以“阿基米德原理”著称于世。在几何学方面，他创立了一种计算圆周率的方法。之后，他还发现了杠杆原理。关于这个原理，阿基米德曾说过这样一句十分有名的话：“给我一个支点和一根足够长的杠杆，我就能撬动整个地球。”他的发明始终融合着数学与物理，所以阿基米德还是闻名世界的物理学之父。

在阿基米德老年时，叙拉古与罗马之间开战了。罗马军队的最高统帅——马塞拉斯带领罗马军队将他所居住的城市包围了，而且还占领了海港。虽然阿基米德不赞成战争，但是又必须尽自己的义务，保护自己的国家。随后，他制造了一种名叫“石弩”的抛石机。石弩能够将大石块投向罗马军队的战舰，并且利用发射机将石块射向罗马士兵。此外，阿基米德还发明了许多其他武器来抵挡罗马军队的进攻。他发明的大型起重机，能够将罗马的战舰高高地吊起，然后再摔下来，使得船破人亡。

公元前212年，罗马军队还是攻入了叙拉古。一位罗马士兵闯进了阿基米德的住宅，他看到一个老人正在地上画着什么图形，对于他的到来竟然没有丝毫反应。于是，这位罗马士兵走近正在沉思的阿基米德，故意踩坏了他画在地上的图形。阿基米德大声喊道：“走开，别动我的图！”士兵听了非常生气，立即拔出自己的刀，刺向阿基米德。就这样，一代伟大的数学家被杀害了。

对于阿基米德的死，罗马军队的统帅马塞拉斯感到非常悲痛。他将那个杀死阿基米德的士兵作为杀人犯处以死刑。除此之外，他还找到了阿基米德的亲属，给予他们相应的抚恤和表示敬意，并且为阿基米德修建了一座气派的陵墓。在墓碑上依据阿基米德生前的遗愿，刻上了“圆柱容球”这个几何图形。

小龙崎听完，心情沉重地说道：“阿基米德的死，真是太令人惋惜了。那个士兵真是可恶极了！”

龙叔叔接着说道：“嗯，是的。除了牛顿与爱因斯坦，还没有任何人像阿基米德那样，为人类的进步作出过如此大的贡献。即便是牛顿与爱因斯坦，也曾从他身上汲取过智慧与灵感。可以说，他是理论天才与实验天才合二为一的理想化身。”

不可不知的事

人类真的能撬起地球吗？

依据杠杆原理，只要将一个力放到杠杆的长臂上，而让短臂对重物产生作用，就能够用最小的力，举起重物。

假设我们找到了一个支点，有一根足够长的杠杆，那么需要花费多长时间才可以将与地球质量相等的重物撬起哪怕仅仅1厘米呢？因为地球的质量太大了，大约有6×10^{24}千克。如果一个人能直接将60千克的重物举起来，那么，他要举起地球，就需要将自己的手放在一根非常长的杠杆上，杠杆的长臂就相当于它的短臂的10^{23}倍！简单地计算一下可知，要在短臂的那端举高1厘米，就需要将长臂那端在宇宙空间中画一个大弧形，其长度大约是10^{21}千米。那么，要把地球撬起1厘米，扶着杠杆的手就需要移动到一个想象不到的距离！可见，即便存在这样一个支点，人们也没有办法撬起地球。

7 长眠于冰雪之中的魏格纳

一天，小龙崎在一本名叫《课外知识阅读》的书中看到一个关于“大陆漂移之父”阿尔弗雷德·魏格纳的故事，但篇幅很短。

小龙崎歪着脑袋想：“阿尔弗雷德·魏格纳什么时候提出‘大陆漂移说’的呢？最终，他有没有得以善终呢？”他迫不及待地去找龙叔叔要答案了……

魏格纳是德国著名的气象学家、地理学家。他十分喜欢冒险，曾经乘坐热气球参加耐空比赛，并且打破了当时的耐空记录。““一战””期间，他曾经参军并且两度负伤。他还注意到，非洲大陆西岸与南美洲东岸的海岸线十分相似，并且提出了关于地壳运动和大洋大洲分布的假说，即“大陆漂移说”。他推测，大陆原来是相连的，并且于1912年出版了《大陆与大洋的起源》一书。

他在书中极力地强调地球物理学、地理学、气象学以及地质学之间的联系，并且用综合的方法来论证大陆漂移。当时，人们都习惯于使用流行的理论对事实进行解释，只有极少数人敢于打破旧框架，提出新理论。

大陆漂移说因为缺乏合理的动力学机制的支撑而遭到了正统学者的非议。魏格纳的学说成了超时代的理念，“大陆漂移说”震撼了当时的科学界，却遭到了更多的嘲笑。人们开始议论纷纷，一方面认为他的观点涉及的问题太大，倘若成立，整个地球科学的理论就得重写；要证明此观点，一定要有足够的证据，观点的每一个环节都必须经得起考验。另一方面，人们认为魏格纳在大学时取得的是天文学博士学位，他主修的是气象学，并不是地质学、地球物理学或者古生物学。因此，人们难免会对非自己研究领域所发表的看法产生怀疑。

尽管魏格纳找到了很多证据，但还是有很多人不认同这个学说。有人曾经开玩笑说，“大陆漂移说”只不过是一个大诗人的梦罢了。只有魏格纳独自一人，寂寞地吟唱着自己的诗篇。1930年，魏格纳在第三次深入格陵兰岛考察气象的时候，发生了不幸，长眠在了冰天雪地当中。那年，他才50岁，他的遗体直到第二年夏天才被人发现。

小龙崎说：“又是一个为真理献身的科学家。他去世得太早了，我们应该记住他。”

龙叔叔点点头，接着说：“魏格纳的确是离开得太早了，因为后来德国的一艘科学考察船从大西洋回来，并且带回了一个消息——在大西洋中间有一条非常长的洋中脊，那里有着巨大的裂谷。如果当时魏格纳还在的话，听到这个消息，凭借他广博的学识，他极有可能会找到解决大陆漂移动力问题的方案，洋底的移动是会为大陆漂移提供线索的。不过，可惜的是，他和这个消息永远地隔绝了。”

不可不知的事

“大陆漂移说”的证据

“大陆漂移说”在地质构造方面的证据是：如果将大西洋两岸的南美洲和非洲拼在一起，两岸的大陆边缘可以十分吻合地贴在一起。并且，经由两岸岩层的研究，人们发现非洲某处岩层的深处正好与拼合之后的南美洲海岸的岩层相同。这再一次证明了两块大陆曾经是相连的。

8 不堪争论折磨的玻尔兹曼

有一次，调皮的小龙崎跑到叔叔龙博士的书房玩，被书桌上摆着的一本书吸引了。于是，他就捧着这本书去问龙叔叔：“龙叔叔，这是什么书啊？”

龙叔叔接过书，回答说：“这是一本介绍热辐射定律方面知识的书。”

“热辐射？它有什么用？”

“热辐射作用可大了，它是由玻尔兹曼发现的。我慢慢说给你听吧。”

玻尔兹曼出生在奥地利维也纳，他在 1866 年获得了维也纳大学的博士学位。他也是维也纳大学的教授。

玻尔兹曼提出了能量均分的理论——麦克斯韦·波尔兹曼定律，并第一个指出，所有自发的过程都是从概率小的状态向概率大的状态变化，从有序向无序变化。对物理学界作出了相当大的贡献。

波尔兹曼第一个把热力学原理应用到辐射上，然后导出热辐射定律——斯忒藩－玻尔兹曼定律。作为一名哲学家，他非常反对实证论及现象论，并且在原子论遭遇严重的攻击时仍坚定不移地捍卫它。他还十分注重一些自然科学方面的哲学问题的研究。

“哇，他真的很厉害，一个人可以做这么多的事情，堪比奥特曼了。”小龙崎兴奋地说。

“小龙崎，不要高兴得太早，后面的事情或许会让你伤心的。”龙叔叔很严肃地说。

“什么事情啊？”小龙崎追问道。

“接下来的事情是这样的：由于玻尔兹曼拥有独特的性格，因此一直吸引着大家的关注。一方面是他的幽默，另一方面是他的自清高以及非常没有信心，这两种奇妙特点的结合让这位科学家的心灵很受伤，以致于他想通过自杀来结束自己的一生，这也是价值观冲突导致的必然结果。这其中还有一个直接原因，就是玻尔兹曼和奥斯特瓦尔德之间关于‘原子论’和‘唯能论’的争辩，这在科学的历史上也是非常出名的。

“那时，他们双方各持己见，而且都有各自己的追捧者。由于波尔兹曼的名气小，很多著名的科学家都否认原子的真实性，直到普朗克也站在玻尔兹曼这一边，情况才有所改变。但当时的普朗克名气也不大，顶多算是玻尔兹曼的助理。然而玻尔兹曼却并不接受这位助理的支撑，还对此有些不屑。

“虽然没有赞成‘唯能论’，但普朗克的观点和玻尔兹曼的观点终究是有区别的。让玻尔兹曼特别生气的是，普朗克并没有对原子论给出许多热情。之后，普朗克的某位学生又发表了一篇关于玻尔兹曼的$H-$定理中有不足的文章，这无疑是在给玻尔兹曼火上浇油。

“玻尔兹曼用讽刺的话来答复这位学生，对普朗克的成见也越来越大。直到他晚年，普朗克向他说明了自己是以原子论为基础推导出辐射定律的，他才消除对普朗克的误解。

“虽然，最终是玻尔兹曼取得了争辩的胜利，但是他的生理和心理健康都已经被那些不同意见的长期斗争摧垮了。孤军奋战的玻尔兹曼曾经两次试图自杀。

玻尔兹曼第一次自杀没有成功，后来他怀疑自己讲的课不好，他的痛苦在逐渐增加却又找不到办法解脱，也不太可能从外面得到一些帮助。于是，他的精神开始混乱，最后不得不选择自杀的方法来了结自己‘混乱程度’日渐增加的生活，让自己那疲惫不堪的心灵好好休息。”龙叔叔怀着一种激愤的心情讲述了整个故事，然后转过头，长叹了一声。

小龙崎悲伤地道："真是可惜啊，就这样去世了，否则他还可能会有更多的发现呢！"

龙叔叔说："是啊，他不堪争论的折磨，最终不得不采取自杀的方法来抚慰自己疲惫的心灵。虽然他死了，但他的贡献却一直在造福后人，他也被后人称为'最悲惨的物理学家'。"

不可不知的事

有关热辐射的研究

关于热辐射规律与应用的研究，对于窑炉的节能有着重要的作用。炉内传热的合理设计十分重要，对于节能减排的促进作用也更大。高温辐射节能涂料根据各种物质对光谱、热辐射及吸收定律、辐射基本规律的研究，充分发挥吸收、反射和辐射之间的协同效应，选用经过特殊工艺处理的纳米材料制成，固化之后形成了具有热高辐射能量的结构涂膜。

主要参考书目

吴国盛：《科学的历程》，北京大学出版社 2002 年版。
翟博主编:《影响科学发展进程的人·大科学家的成长故事》,机械工业出版社2003年版。
叶永烈：《叶永烈讲述科学家的故事 100 个》，中国社会出版社 2007 年版。
陶玥、李茜：《世界科学历史上的伟大发现》，北方妇女儿童出版社 2008 年版。
赵红蕾、叶文武编：《中外科学家的故事》，百花文艺出版社 2008 年版。
陈小伟主编：《伴我成长的科学家故事》，机械工业出版社 2009 年版。
张毅：《科学的历史》，华文出版社 2009 年版。
郑延慧：《中外著名科学家的故事：阿基米德》，四川少年儿童出版社 2009 年版。
松鹰：《中外著名科学家的故事：法拉第》，四川少年儿童出版社 2009 年版。
苏步青：《大科学家讲的小故事·神奇的符号》，湖南少儿出版社 2010 年版。
解启扬编著：《世界著名科学家传略》，金盾出版社 2010 年版。
于松编著：《影响人类历史发展进程的 100 位科学家》，中国致公出版社 2010 年版。
叶永烈：《叶永烈文集：中国著名科学家的故事》，湖南人民出版社 2011 年版。
李牧皖：《科学历史的光辉》，辽海出版社 2011 年版。
阿溟：《科学的边角余料》，重庆出版社 2011 年版。
谭树辉：《科学家的故事》，江西美术出版社 2012 年版。
崔钟雷编：《科学家的故事》，浙江人民出版社 2012 年版。

新华网：《史上十大失败的离奇军事发明》，http://news.xinhuanet.com/mil/2010-01/07/content_12763407.htm。

天健网：《解密历史上十大最失败的军事发明》，http://tech.hexun.com/2012-02-23/138569830.html。

世界大学城：《历史上为科学实验献身的八位科学家》，http://www.worlduc.com/blog2012.aspx?bid=3432311。